"El libro de Tom Hohstadt ofrece un análisis único de la música escrita para la pantalla moderna. Mientras los tratados tradicionales se han enfocado en la estética y la mecánica de componer para filmes, el Dr. Hohstadt examina la psicología de la música cinematográfica desde la perspectiva del público. Este libro es una presentación contemporánea, meditada y provocadora que apetecerá al estudiante serio del género cinematográfico" **Daniel Allan Carlin, director ganador del Emmy por composición para filmes y televisión; University of Southern California.**

"*Música cinematográfica: un viaje de sentido experimentado* no sólo es una fascinante visión hacia el mundo de la música cinematográfica sino también una valiosa introducción a la experiencia posible a través de la vanguardia de la tecnología de la realidad virtual. Este libro es para todo aquel que aprecia la suspensión de la incredulidad y el estudio de la verdadera percepción. El libro de Hohstadt ilumina las inmensas posibilidades de la realidad virtual que posiblemente nos inclinen a reimaginar toda la civilización." **Steven Argila, compositor de medios televisivos y cine, cantautor y productor ganador de diversos premios.**

"*Sentido experimentado* argumenta el convincente caso de que el cine y la música cinematográfica son agentes centrales para definir un nuevo canon de literatura relevante para el siglo 21. Es una estupenda herramienta de enseñanza para lo musical y lo no musical, cumple como una exploración, meditada y provocadora de la naturaleza de los medios, la expresión artística y nuestras relaciones con estas. Si la música es el máximo lenguaje artístico metafórico, el argumento del Dr. Hohstadt de posicionar a la música cinematográfica en el centro de nuestras nuevas formas de expresar los valores humanos atemporales y nuestras aspiraciones me parece sumamente acertada. **Jeff Beal, compositor cinematográfico, ganador de 4 premios Emmy.**

"*Música cinematográfica* de Thomas Hohstadt es un clavado profundo e inteligente hacia cómo esta se percibe hoy en día y cómo esta percepción ha cambiado durante el tiempo. Las preguntas para el lector sobre las reacciones personales a obras sugeridas añaden un factor interactivo a la obra. Este libro representa no sólo un tratado sobre el sujeto sino la culminación de años de pensamiento inquisitivo e inteligente." **Richard Bellis, autor de *The Emerging Film Composer*.**

"Mientras entramos a una nueva era de realidad virtual, resulta sumamente alentador encontrar a alguien que ha observado y escuchado al arte de la composición cinematográfica y encontrado una forma clara y creativa de comprender el sonido detrás de la pantalla. Hohstadt examina el género con nuevos oídos y ojos y nos da un mapa para el futuro. Nos toma de la mano, se sienta junto a nosotros en la sala obscura y nos empuja, con gentil experiencia, a abrirnos al futuro." **Buz Kohan, compositor y productor ganador del Emmy.**

"Bravo… quedé sumamente impresionado con las ideas y conceptos… agradablemente presentados con muchos buenos ejemplos de los conceptos a considerarse… esperaría que todos los interesados en la música cinematográfica leyeran este libro… ¡gran trabajo!" **Dr. Larry M. Timm, autor de** *The Soul of Cinema*

"*Música cinematográfica: Un viaje de sentido experimentado* es una iluminadora excursión hacia dentro de los diferentes aspectos difíciles de definir en la labor musical. Acurrucado en algún lugar entre lo real y lo imaginado, el autor intenta impulsar el conocimiento de cómo y por qué la música funciona dentro del cine más allá de las palabras. A través de una reflexión emocional profunda, la compresión profunda de los hábitos y la historia y la sugerencia de recorridos sugeridos, Hohstadt provoca las respuestas a aquellas preguntas que sólo el escucha puede comprender. Desafía al lector no sólo a pensar sobre el significado detrás de la música, sino a sentirla… padrísimo libro, muy distinto y provocador del pensamiento." **Brian Satterwhite, compositor galardonado.**

Los compositores cinematográficos generalmente no tienen tiempo para considerar cómo y por qué son inspirados a crear sus obras. Están más preocupados con la cercana fecha de entrega. En este libro, el maestro Hohstadt ofrece un análisis bien pensado de las decisiones que los compositores realizan como respuesta a las imágenes que se les presentan. **Ashley Irwin, Presidente de la Society of Composers and Lyricists (working in Television and Motion Pictures)**

MÚSICA CINEMATOGRÁFICA
Un viaje de sentido experimentado

MÚSICA CINEMATOGRÁFICA

Un viaje de sentido experimentado

Por

Thomas Hohstadt

Traducción de: Rodrigo Villarreal Jiménez

Damah Media

2018

Primera impresión: 2016

ISBN 978-0-9672944-5-2

Editor: Damah Media, 3522 Maple Avenue, Odessa, TX 79762; Teléfono 432-366-0457

Información de pedidos:

Se otorgan descuentos especiales por cantidad a corporaciones, asociaciones, educadores y otros. Para más información, contacte al editor en la dirección otorgada anteriormente.

Para librerías y tiendas departamentales favor de contactar a:

Lulu.com

http://www.lulu.com/contact-us

Diseño de portada: Rodrigo Villarreal Jiménez

Dedicatoria

A mis estudiantes,

quienes me convencieron de que estábamos en el
camino correcto.

CONTENIDO

Prefacio

Mis padres me bendijeron con la mejor educación musical disponible en América o Europa (la escuela de música Eastman y la *Akadamie für Musik* en Viena, Austria). Me divertía en medio de las mejores historias, teorías, técnicas, tradiciones y estilos. Estaba listo para conquistar el mundo.

Eso creía.

Honestamente, sabía que algo faltaba. A menudo notaba un vacío similar en las interpretaciones de mis directores famosos favoritos. La cuestión se tornó palpitante, como resultado, mi vida se transformó en la búsqueda de lo que parecía ser el lenguaje perdido de la música.

Esta persecución dio lugar al estudio de la metáfora, después del lenguaje de la yuxtaposición, y finalmente de la realidad virtual. Mis preocupaciones eran experimentos de laboratorio de esta última – no como tecnologías, sino como lenguaje y medio artístico.

En 2012, la *University of Texas of the Permian Basin* me pidió crear un curso en línea sobre el tema. La respuesta estudiantil fue entusiasta y pronto solicitaron "Realidad Virtual II"

Música Cinematográfica es el resultado, donde el lector reconocerá muchas de las ideas de mi libro anterior: *La Era de la Realidad Virtual*.

I. INTRODUCCIÓN

Un Mundo Alternativo

Ya no tiene sentido decir "vamos al cine", ¡ya estamos allí! Más frecuentemente, las múltiples pantallas de nuestro entorno se transforman en el mundo en el cual vivimos. Para algunos, aún hablamos de un "mundo alternativo", por otro lado, para los que pasan la mayor parte de su tiempo frente a pantallas, estas se han convertido en un "hábitat". Y para el resto de nosotros, no es osado sugerir que estamos migrando rápidamente hacia una completa y literal, realidad substituta.

El mundo de las imágenes no literales se ha convertido en nuestro refugio fantástico. Un misterio irresistible donde las fuerzas de lo imaginado y lo medio-imaginado se vuelven perceptibles.

En este hábitat de pantallas, contemplamos lo desconocido más que lo conocido, la estupefacción más que lo ordinario, el misterio más que lo mundano. Observamos al instinto más que al intelecto, al contenido más que a la forma, al mensaje más que al medio. Sentimos el éxtasis más que la calma, lo irresistible más que la disciplina, el arte más que la técnica. En otras palabras, la vida frente a las pantallas marca un enorme cambio de opinión informada a intuición inspirada y de lo escrito o de lo literario a lo visual. "La gente pasa más tiempo en medios y en especial medios con pantallas, que en cualquier otra actividad."[1] Como resultado el cine y la música cinematográfica han pasado de ser un interés periférico a una necesidad intrínseca. Estas deberían ser buenas noticias, ya que las películas trazan paralelas exactas con los acontecimientos artísticos pasados.

Los sentimientos ocultos en la tecnología de pantallas y en las bellas artes representan las cosas ausentes, las cosas no vistas, las cosas más allá de sí mismas. La pantalla y el arte representan cosas imaginadas que se perciben como reales. Puesto de otra forma, ambos representan "fantasía seria."

Las obras maestras del cine actual seguramente se convertirán en algunas de las obras artísticas más grandes de este siglo.

"¿Inherentemente Bizarro?"

Sin embargo, no existe un acuerdo, los historiadores de la música aún están renuentes.

"Las películas no siempre fueron consideradas arte. ¿Cómo podría contar una historia un filme mejor que una novela? Seguramente una película no es más que una pobre imitación de obra teatral - ¿quién se va a sentar frente a una pantalla a ver una mala grabación cuando se podría sentar a los pies del actor y en el momento?"[2]

---

[1] Bill Moult de Sequent Partners citado en Higgins, Adrian, "We can't see the forest for the T-Mobiles" *Washington Post*, Martes, Diciembre 15, 2009; C01.

La desacreditada historia de Hollywood no ayuda. Es célebre el hecho de que Oscar Levant aceptara que su industria era realmente falso oropel. Pero añadió: "Detrás del falso oropel de Hollywood, yace el oropel real."

La música, claramente, es a menudo una simple añadidura distorsionada para acomodarse al guion. Cualquier intento orquestal de representar música cinematográfica - por sí misma - en forma de concierto suele ser desalentador y raro. Primero, los dueños de la música a menudo no tienen motivación para hacer disponible la edición impresa y segundo, la música por sí misma es inevitablemente un hilo de *clips* cortados con poca relación interna entre ellos.[3]

Incluso hoy, la obra de referencia sobre música más grande de la civilización occidental afirma que "El acompañamiento musical a la acción dramática es inherentemente bizarro en concepto."[4]

Todo ha cambiado

---

[2] Nicholas Deleon, "Are video games art?" *CrunchGear* http://tinyurl.com/y2k4bm3

[3] Thomas Hohstadt, "American Film Music: Art or Entertainment?" *The Cue Sheet* (Revista de la Society for the Preservation of Film Music) Volumen 5, No. 2, Abril 1988.

[4] Mervyn Cooke, "Film Music," Grove Music Online, https://tinyurl.com/y93cbukm

Dada esta situación, el futuro del cine y la música cinematográfica no parece alentador.

Pero aguardemos.

Algo grande está sucediendo – casi épico. Las grandes mentes dicen que este "algo" se nos aproxima repentinamente, exponencialmente. Todo, incluyendo el futuro de la industria del cine, existe en un *ahora* expandido.

El gran autor, inventor, futurista y director de ingeniería en Google, Ray Kurzweil sostiene que este momento en la historia terminará con 6000 años de "civilización" como la conocemos.[5] De acuerdo con Kurzweil - a este paso - en el siglo XXI veremos un cambio proporcional a 20,000 años. Afirma que el progreso tecnológico de este siglo será 1000 veces más grande que el del anterior. En otras palabras, el tiempo se ha vuelto "exponencial." Explica que de esta forma: "Con 30 pasos lineales, obtienes 30 [...] con 30 pasos exponenciales obtienes un billón."

La tecnología y la realidad virtual – ¡incluyendo nuestras pantallas! - silenciosamente alteran nuestra comprensión de la realidad misma. En esta transformación, las nuevas formas de "entretenimiento en pantalla" se encuentran involucradas. Incluso los grandes cerebros de los negocios con enormes fortunas en juego no saben cómo apostar por el futuro. Las

---

[5] Ray Kurzweil, "Accelerated Living," *PC Magazine*, Vol. 20, No. 15, Septiembre 4, 2001, pp. 151-153.

tendencias son muy numerosas y se expanden demasiado rápido.

Mañana, veremos que todo ha cambiado repentinamente. Hoy en día podemos ver la razón.

Mentes encarnadas

Actualmente podemos observar convergencias históricas que jalan del mismo gatillo. Estos disparos han puesto en libertad la imaginación, el sentimiento y el poder que fluyen del mundo de las imágenes no literales, el llamado es a participar.

Esto no es un juego. No es para niños. Es *fantasía seria*.

Primero: un resumen.

Esta es la era de la Realidad Virtual (RV). RV incluye a todas las artes y es "la primera tecnología intelectual que permite emplear el uso del cuerpo en la búsqueda del conocimiento."[6] Estamos migrando rápidamente hacia este espacio virtual.

Ciertamente, la RV ya no es tan virtual. Existen compañías que pagan por bienes raíces virtuales, ganan dinero real de comercio virtual. Navegadores y *gamers* pasan tiempo real – docenas de horas a la semana – en ambientes virtuales. Las parejas encuentran amor real sin siquiera conocerse. Nuestros soldados utilizan videojuegos con resultados reales; vuelan aeronaves

---

[6] Michael Heim, *Virtual Realism* (New York: Oxford University Press, 1998) pp. vii, viii.

(drones) del otro lado de la tierra y matan personas reales.

Por supuesto, la RV también trae consigo fronteras difusas entre "realidad" y "realidad virtual". Crea un ciclo de retroalimentación confuso entre lo real y lo imaginado. Sentimos una tensión creciente entre hecho y ficción, tecnología y arte, espacio real y ciber-espacio, tiempo físico y "tiempo real".

La RV se incrusta en las tecnologías sensoriales de hoy en día, donde vivimos en la dualidad de la ciencia y el sentido — la fusión de hechos y sentimientos, ciertamente ¡nos estamos convirtiendo en ciborgs! — mezclando cib(ernetica) y org(anismo).

El lenguaje no literal del cine y la música - con o sin una computadora - se está convirtiendo en una parte integral de nuestra "mente encarnada", ya que la RV no es posible sin nuestros sentidos, sentimientos y emociones.

Un nuevo "saber"

Paralelamente, la civilización occidental ha regresado a la cultura oral. En ella, la sabiduría, historia y significado son transformados por el poder de la metáfora (narrativa, ritual, imagen, danza y canción) - es decir, por el poder de las artes.

Hoy, existe una nueva forma de "saber". Un saber del cuerpo. Existe la sabiduría estética de la mente vacilante. Existe el pensamiento reflexivo que fluye de las imágenes no literales, y tal vez, lo más importante:

existe un "salto intuitivo sobre la cadena lógica de paso a paso"[7].

En la cultura oral, el arte lo es *todo.* Es interpretación, significado, es central para toda comprensión y memoria. En una cultura *literal,* por otro lado, la experiencia ha sido remplazada por la representación del lenguaje escrito. A menos de que el lenguaje sea poesía, el evento original es reducido a letras en la página. Lo demás se pierde.

"Dos terceras partes de la población mundial, ya sea por necesidad o elección, se han convertido en comunicadores orales, y se les encuentra en cualquier grupo cultural"[8]. Por ejemplo, la juventud de hoy en día prefiere un mundo fantástico a su mediocre y mundano mundo literal; la realidad parece "un pobre substituto para el reino de la imaginación."[9]

Incluso Tina Brown, antigua editora de *The New Yorker*, *Vanity Fair* y *Newsweek*, afirma: "elijo regresar a la cultura oral donde la palabra escrita sea menos relevante"[10]

La mejor esperanza

---

[7] Heim, 96.

[8] "Orality," Search.Com Referencia,
http://tinyurl.com/44puz58

[9] Reseña escrita por Pagan Kennedy de Gilsdorf,
http://tinyurl.com/3zr4nyz

[10] "Tina Brown Slams Journalism, Says It's Having a 'Very, Very Pathetic Moment'"
https://www.thewrap.com/tina-brown-magazines/

Añadido a estos eventos épicos está el "Postmodernismo" - la historia secular en la que todos vivimos. Radical y de amplio alcance, el postmodernismo simplemente dice "No escuches opiniones sobre lo "correcto" o "equivocado" de personas en posiciones de autoridad". "Las doctrinas – en cualquier forma - están fuera de estilo, así que crea tu propia idea". Es demasiado tarde para empatar a la juventud actual con la última respuesta "oficial". No les interesa. Consideremos entonces cómo critican a los críticos - comentan a los comentaristas – crean *shows* sobre *shows* – leen crónica sobre noticias en las noticias – siguen guías televisivas sobre televisión. Ellos enlazan, enlazan, enlazan y enlazan. Su "evidencia" se transforma en una simulación de una simulación de una simulación.

Por supuesto, es saludable deshacerse de ideas desgastadas, pero demasiados entusiastas han "tirado al bebé junto con el agua de la tina". Así que la civilización necesita desesperadamente una nueva forma de aproximarse a la realidad, el significado y la verdad. Repentinamente, las artes – incluyendo al cine - se han convertido en la mejor esperanza para obtener una nueva forma de "saber".

Tal vez, también en una nueva forma de "hacer". La física avanzada ha probado que podemos cambiar algo simplemente observándolo. Este puede ser el primer descubrimiento científico referente a la creatividad humana. Sugiere que las artes pueden tener un rol en la creación del futuro – que las artes tienen la intención de ser mucho más que decoración o entretenimiento.

Tomados en conjunto, la RV, la cultura oral, el postmodernismo y la física avanzada prometen un rol significativo para el futuro del cine – en una forma u otra. Y si recordamos que la palabra "tecnología" viene del griego y significa "estudio del arte" entonces seguramente cumpliremos esta antigua profecía.

Metáfora redescubierta

Desafortunadamente, no estamos listos. La tecnología expande y acelera estas tendencias más allá de la capacidad de entendimiento, guía o control de cualquier institución. Nos tambaleamos bajo un sujeto que le parece extraño, exótico e incluso foráneo al pensamiento tradicional.

Sí, sabemos que la música es expresiva, que tiene un efecto emocional, que ofrece algún tipo de evocación intuitiva a la obra cinematográfica, pero el "cómo" continúa siendo elusivo[11]. Sin embargo, aquí encontraremos la respuesta.

Los intelectuales han descubierto una "metáfora" que yace más allá de un mero sentido figurado. En un lenguaje idéntico al del cine y la música cinematográfica, esta metáfora resulta ser el ladrillo constructor de todas las artes,[12] la única esperanza para

---

[11] Jennifer Shipon, History of Music in Film: Analysis of How & Why Film Scores Enhance the Emotional Import of Films: *Citizen Kane* https://tinyurl.com/y9sbab5y

el pensamiento abstracto[13] y "el poder más fértil poseído por el hombre"[14]

---

[12] Carl Hausman, *Metaphor and art: Interactionism and Reference in the Verbal and Nonverbal Arts* (New York: Cambridge University Press, 1989) pp. 5, 111, 198.

[13] Lakoff Johnson, *Philosophy in the Flesh: The Embodied Mind and Its Challenge to Western Thought* (New York, NY: Basic Books, 1999) pp. 58, 59.

[14] José Ortega y Gasset, *GoodReads,* http://tinyurl.com/4xjuuoj

RECORRIDO SUGERIDO

Este libro presenta una serie de recorridos sugeridos con música cinematográfica. Comenzamos con la música de *Star Wars*:

Star Wars es un filme espacial épico americano de 1977, escrito y dirigido por George Lucas. En la obra, un grupo de resistencia planea destruir una poderosa estación espacial, La Estrella de la Muerte, un arma devastadora creada por el malvado Imperio Galáctico. Este conflicto irrumpe en la vida del joven granjero Luke Skywalker cuando involuntariamente adquiere dos droids (máquinas robóticas) que contienen los planos de la mortal estación espacial. Cuando el Imperio comienza una cruel y destructiva búsqueda de los droids, Skywalker decide acompañar al Maestro Jedi Obi-Wan Kenobi en una audaz misión para rescatar a la dueña de los mismos, la líder rebelde Princesa Leia y salvar a la galaxia (traducido de un resumen en línea.)

La música fue escrita por John Williams (nacido en 1932), un compositor y director estadounidense. Muchos críticos lo consideran nuestro más grande compositor cinematográfico.

El tema de los títulos iniciales se encuentra disponible en varios sitios. Aquí un enlace sugerido: https://youtu.be/ucvlJxDyKAA

Escuche la música y conteste el siguiente cuestionario. Puede que necesite escucharla más de una vez. Sus respuestas deben apuntar a un patrón de sentido similar – pero no exacto – a los sentimientos y emociones que son expuestas en la historia. En capítulos posteriores exploraremos el poder de la música para realzar la historia del filme.

1. Al escuchar la música, ¿qué sonidos le parecen más llamativos? No hay que tener entrenamiento musical para contestar. Sólo describa en sus propias palabras la naturaleza general de los sonidos que escucha. Simplemente primera impresión.

2. ¿Qué sonidos en particular recordará dentro de una semana?

3. Describa qué sonidos le gustan más. ¿Por qué?

4. Describa qué sonidos le gustan menos. ¿Por qué?

5. Si usted fuera el compositor, ¿qué instrumentos musicales o voces le añadiría? ¿qué tipo de sonidos musicales añadiría a los ya presentes?

6. Si fueras un compositor *avant-garde* que busca agregar material no musical, *¿qué sonidos no musicales agregarías?*

7. Mientras toca la pieza, desarrolla una imagen que la acompañe.

8. Completa los detalles de la imagen.

9. ¿Qué emociones están involucradas en la imagen?

10. Ponga un título a la imagen.
    ¿Ha visto un evento similar a esto?

11. ¿Ha experimentado emociones parecidas? Describa.

12. Si esta música tuviera un "mensaje", ¿cómo contestaría?

II.   BREVE HISTORIA.

Del cine mudo al sonoro.

El francés Louis Lumiere, es a menudo citado como el inventor de la cámara cinematográfica, en 1895. En esta época, no existía sonido. Sólo imágenes.

Sin embargo, el drama con música había existido anteriormente en la ópera, el vaudeville y otras expresiones escénicas. Incluso la música de concierto, especialmente la melodramática y romántica del siglo XIX auguraba la de los filmes por venir. En otras palabras, la esperada música cinematográfica ya estaba allí.

Los primeros filmes carecían por completo de sonido, resultó obviamente necesario añadir música en vivo que imitara la acción en la pantalla y enmascarara el molesto sonido del proyector. Por lo general, talentosos pianistas eran contratados por las "casas de cine" para improvisar los distintos estados de ánimo. Mi madre, Maye Waid, fue una de esas pianistas.

En las ciudades más grandes, las orquestas llenaban ese rol, tomaban fragmentos de piezas clásicas y en ocasiones invenciones tipo Rolodex de distintos estados de ánimo. Aun así, esbozos de un arte en crecimiento aparecieron en filmes como *The Birth of a Nation* (1914). Orquestas itinerantes profesionales, que interpretaban fragmentos específicos de partituras clásicas, acompañaban a los filmes más nuevos en sus giras nacionales. Como músico joven, yo toqué algunos de estos arreglos. Sus arreglos eran tan complejos, que casi cualquier tamaño o dotación de ensamble podía interpretar las obras maestras del repertorio sinfónico.

La técnica de las secuencias parlantes del filme *The Jazz Singer*, introdujo la era de las "*talkies*" (filmes sonoros) en 1927. *The Birth of a Nation* fue el primer filme con música ensamblada especialmente para la obra. Con la llegada de compositores más avanzados como Honnegger, Meisel, Milhaud, Ruttmann y Shostakovich, el prestigio de esta nueva música fue en aumento. Algunas obras incluyen *Battleship Potyomkin* (1925), *October* (1927) y el documental *Berlin* (1927).

Frustrantemente incómodo.

El desarrollo de una técnica musical para las "*talkies*" avanzaba lentamente. La habilidad de empatar pedazos de música con filmes era frustrantemente incómoda. En Alemania, la primera música que se alineó con un filme apareció en *Blackmail* (1929) de Alfred Hitchcock. Sin embargo, el primer progreso notable fue *The Blue Angel*, compuesta por Friedrich Hollaender, y *The Brothers Karamazov*, compuesta por Karol Rathaus. El pionero americano de la música para películas sonoras fue Max Steiner — un inmigrante austriaco — quien exitosamente acomodó su música al filme *Symphony of Six Million* (1931) de David Selznick.

Poco después, compositores rusos como Prokofiev, Shostakovich, Kabalevski y Shaporin; franceses como Milhaud, Auric, Honneger y Maurice Jaubert; ingleses como Walter Leigh (*Song of Ceylon*), Britten, Bliss, Alwyn, Benjamin, Walton, Eisler, Korngold y Antheil experimentaron exitosamente con música para los nuevos filmes sonoros. Para 1940, la música cinematográfica había encontrado su propio camino.

En los filmes ingleses, Bretaña dejaba la composición de música cinematográfica a respetados compositores "serios". Durante la década de 1940, el público disfrutaba música de Ireland, Rawsthorne, Bax, Vaughan Williams, Malcolm Arnold, John Addison, William Alwyn, Clifton Parker, Elisabeth Lutyens, Benjamin Frankel, Anthony Collins, y Cedric Thorpe Davie. Fueron especialmente destacadas *Man of Aran* (1934) de John Greenwood, y *The Red Shoes* (1948) de Brian Easdale. Algunos años más tarde, encontramos obras importantes de Richard Rodney Bennet, Frank Cordell, Alfred Ralston, Laurie Johnson y Ron Goodwin.

En contraste, los compositores hollywoodenses tempranos no eran parte de la altamente habilidosa tradición europea. En los años iniciales, algunos críticos los llamaron amateurs, anónimos que escribían música capaz de ser creada por cualquiera. Podemos entender por qué, ya que en los años dorados en Hollywood se producían alrededor de 400 filmes al año, lo que requería "trabajadores" de línea de producción de tiempo completo.

"El diablo está en los detalles"

El verdadero proceso de enlazar la música de un filme y su drama ha estado lejos de ser perfecto. El sentido común sugiere que – desde el comienzo – el compositor y el director del filme deberían trabajar juntos. Pero el compositor usualmente debe esperar a que el filme haya sido rodado y editado. Por supuesto, esto imposibilita el trabajo artístico en equipo y obliga al compositor a acomodar su música a una "caja" - la secuencia limitada y el ritmo exacto del drama mismo. El problema se torna obvio cuando la música es extraída del filme e interpretada por sí misma en un concierto. El resultado es un hilo de clips macheteados – parecido a un hilo de chorizos – que no se incorpora por sí mismo.

En lugar de colaborar desde el principio, compositores y directores buscaron salidas positivas desde un proceso diferente. Los compositores se benefician de ver el resultado final de la obra. Para entonces, el director finalmente entiende qué quiere de la música y comparte esas intenciones con el compositor.

Sin embargo, el diablo está en los detalles: (1) El editor musical provee al compositor marcas cronométricas exactas para cada secuencia. (2) Entonces, los tempos correctos son transformados en sonido en un "click track" y alimentados al director mediante audífonos. (3) Simultáneamente, el director observa la pantalla y busca las "marcas blancas" que aportan sincronía con el filme. (4) Los efectos sonoros añadidos toman precedencia sobre la música, el corte final del drama puede arruinar el efecto deseado de la música. (5) A menudo más música es añadida o remplazada por piratas desconocidos que son contratados sin crédito o permiso de los compositores originales.

Experimentos sin fin

Algunos observadores separan la música cinematográfica en dos tipos: "funcional" y "realista." La música realista imita o replica el drama como si fuera parte de la acción original. La funcional, por otro lado, interpreta o traslada el drama original en un arte separado. En otras palabras, la música es una por separado, pero profundiza y ensancha la inspiración original. Desafortunadamente, algunos compositores añaden meros fondos incidentales o atmósferas superficiales al momento.

Los requerimientos musicales del filme, combinados con el estilo del compositor, usualmente proveen la base del producto final. Otros compositores han experimentado con motivos musicales cortos para los personajes principales. En su momento, variaciones de estos motivos capturan los temas cambiantes del drama mismo. Algunos ejemplos son: *Scott of the Antartic* (1948) de Vaughan Williams, *Henry V* (1944) y *Hamlet* (1948) de Walton, *Best Years of our Lives* (1946) de Friedhofer, *Cleopatra* (1962) de North y *The Great Escape* (1963) de Elmer Bernstein.

Otros experimentos, más allá de la orquesta tradicional incluyen distintos tipos y tamaños de instrumentos, sonidos electrónicos y una variedad de sonoridades poco ortodoxas, a la par de los elementos visuales.

El compositor cinematográfico encuentra un mayor reto al aproximarse a historias premodernas o antiguas, ya que la música de tiempos antiguos usualmente parece irrelevante al oído moderno. El compositor puede sólo sugerir el humor y estilo, e intentar no caer en sátira o parodia.

Al inicio, los créditos de un filme daban al compositor la libertad de escribir música que diera tono, ambiente y tema a toda la historia. Más tarde, los créditos de salida otorgaban la oportunidad de presentar música sin interrupción del diálogo, un periodo lo suficientemente largo para ser independiente, incluso como obra de concierto.

A pesar de ser menos manipulable, algunos directores también han aceptado el repertorio clásico. Los documentales nacionalistas a menudo utilizan el repertorio de sus propios compositores nacionales. Incluso si una obra de concierto y un filme utilizan el mismo tema suelen encontrarse juntos. Por ejemplo: la música de *Appalachia* de Delius y el filme *The Yearling* (1946); o *Así habló Zarathustra* de Richard Strauss y *2001 A Space Odyssey* (1968).

Un experimento inusual viene de cineastas quienes han invertido el proceso: agregan imágenes a música ya compuesta. Algunos ejemplos incluyen: *Pacific 231* (1949) e *Images pour Debussy* (1952) de Jean Mitry, *Fountains of Rome* (1953) de Renzo Avanzo y *Fantasia*

(1940) de Walt Disney. En teoría, esto debería ser tan sencillo e inspirador como empezar con sólo un guion.

La "música realística" (la que forma parte del mundo de filme) es a menudo parte de la acción en pantalla, cuando esta acción representa culturas antiguas los historiadores musicales contribuyen a la investigación fílmica. Por ejemplo, el estudio de la música y la danza de Tahití contribuyeron al material musical de *Mutiny on the Bounty* (1962). Y las melodías modales tempranas tanto griegas como en hebreas informaron la música de *Quo Vadis* (1951).

No tan "Dorado"

Vendrían grandes cambios para Hollywood sólo un par de años después. Armonías duras, reverberaciones del jazz, y la ausencia de melodías simples permearon la música de *Best years of our lives* (1946) de Friedhofer, *A streetcar named desire* (1951) de Alex North y los dos logros importantes de Leonard Rosenman: *East of Eden* (1954) y *Rebel without a cause* (1955).

Durante este tiempo, incluso la música de los westerns fue reinventada. El score de *The big country* (1958) de Moross, inspiró a Elmer Bersnstein, John Williams y a Dominic Frontierè.

Después vino la televisión, alejando al público de los filmes y forzando el cierre de los departamentos musicales de los grandes estudios. Repentinamente, los compositores se transformaron en parte de equipos pequeños, libres de los productos musicales preconcebidos. Por el lado positivo, esto otorgó oportunidades de combinar lo nuevo y lo viejo, lo tradicional y lo experimental, lo popular y la vanguardia. Los estudios también optaron por ahorrar dinero al contratar talento de segunda clase y publicitar sus canciones pop en las producciones posteriores. Por cada avance creativo (*A hard days night,* 1964 de The Beatles, por ejemplo), existió una cantidad igual de mercadeo estancado.

Sin embargo, emocionante.

No obstante, la música fílmica de hoy en día es un tema respetado en las instituciones académicas, misma que es compuesta por autores de concierto. Estos creadores incluyen a Tōru Takemitsu, Peter Maxwell Davies, Andre Pervin, Elliot Goldenthal, Alfred Scnittke, Leonard Rosenman, John Corigliano, Steven Sondheim, Tan Dun, Phillip Glass, Steve Reich, Paul Chihara, William Bolcom, Rachel Portman, Hans Zimmer, Alan Menken y otros.

La historia del cine y su música es cubierta por diferentes excelentes fuentes[15]. El propósito de este estudio se enfoca en cómo la música añade profundidad a un filme. Sin embargo, terminaremos este capítulo con una lista de las más importantes obras de música cinematográfica, ya sea por su relevancia histórica o artística. Esta lista cubre 100 años, entre 1914 y 2014, e incluye principalmente filmes de lenguaje inglés.

---

[15] Oxford Music Online & Grove Music Online, https://tinyurl.com/yaum3pyg

La lista se divide por décadas. El lector también querrá recordar la era dorada de Hollywood (1927 a 1963).[16] Este es el periodo clásico del cine hollywoodense que se refiere al estilo visual y sonoro único de la industria americana de la época. Éste estilo - también llamado "invisible" - no pone énfasis en la cámara o la música como en periodos previos, en otros países o en el arte moderno y posmoderno.

La lista del American Film Institute, "25 greatest film scores of all time" (1933-1986) se encuentra marcada por un asterisco (*), la lista del top 10 por dos (**).

Encuentre sus películas favoritas y vea si puede recordar la música. Si no lo logra, el pensamiento clásico de Hollywood indica que es eso es un buen signo.

---

[16] Goldburg, Michael. "Classical Hollywood Cinema" https://tinyurl.com/yc2op7ra

FILMES IMPORTANTES DE 1914 A 2014

1914:

The Birth of a Nation (1914) Joseph Carl Breil

1920's

Battleship Potyomkin (1925) Nikolai Kryukov

Don Juan (1926) Axt/Mendosa

The Jazz Singer (1927) Louis Silvers

Blackmail (1929) Campbell, Connelly, Mayerl

The Broadway Melody (1929)
Herb/Brown/Cohan/Robinson

Sous les toits de Paris (1929) Bernard/Moretti/Nazelles

Petite Lili (1929) Darlus Milhaud

Black and Tan (1929) Duke Ellington

St Louis Blues (1929) W. C. Handy

1930's

The King of Jazz (1930) Paul Whitman Orchestra

Sunny Side Up (1930) Earl Burnett, Johnny Hamp, y otros

The Blue Angel (1930 & 1959) Hollaender/Waxman

Der blaue Engel (1930) Karol Rathaus

Alone (1930) Sergei Shostakovich

Symphony of the Six Million (1931) Max Steiner

Le sang d'un poète (1931) Georges Auric

The Brothers Karamazov (1931) Karol Rathaus

Vampyr (1932) Wolfgang Zeller

Rhapsody in Black and Blue (1932) Louis Armstrong

Gold Diggers (1933) Busby Berkeley

Lieutenant Kijé (1933) Sergei Shostakovich

*King Kong (1933) Max Steiner

Deserter (1933) Yury Shaporin

Little Women (1933) Max Steiner

Song of Ceylon (1934) Walter Leigh

Man of Aran (1934) John Greenwood

Top Hat (1935) Irving Berlin

Captain Blood (1935) Erich Korngold

Symphony in black (1935) Duke Ellington

Roberta (1935) Max Steiner/Jerome Kern

The Informer (1935) Max Steiner

The Bride of Frankenstein (1935) Franz Waxman

Swing Time (1936) Jerome Kern

Música Cinematográfica

Anthony Adverse (1936) Erich Korngold

The Plow that Broke the Plains (1936) Virgil Thompson

The Plainsman (1937) George Anthell

Shall we Dance (1937) George Gershwin

**Gone with the Wind (1938) Max Steiner

*The Adventures of Robin Hood (1938) Erich Korngold

Pygmalion (1938) Honegger

Aleksandr Nevsky (1938) Sergei Prokofiev

The Wizard of Oz (1939) Arlen/Stothart

1940's

The Sea Hawk (1940) Erich Korngold

Fantasia (1940) Varios compositores

Rebecca (1940) Franz Waxman

Of Mice and Men (1940) Aaron Copland

Our Town (1940) Aaron Copland

Citizen Kane (1940) Bernard Herrmann

Suspicion (1941) Franz Waxman

The Devil and Daniel Webster (1941) Bernard Herrmann

Now Voyager (1942) Max Steiner

Casablanca (1942) Max Steiner

Kings Row (1942) Eric Korngold

The Magnificent Ambersons (1942) Bernard Herrmann

Jammin' the Blues (1944) Varios artistas de jazz

Double Indemnity (1944) Miklós Rózsa

Farewell my Lovely (1944) Roy Webb

Ivan the Terrible (Dos partes: 1944 y 1946) Sergei Prokofiev

**Laura (1944) David Raksin

Henry V (1944) William Walton

Spellbound (1945) Miklós Rósza

The Lost Weekend (1945) Dimitri Tiomkin

The Spiral Staircase (1945) Roy Webb

Rhapsody in Blue (1945) George Gershwin

The Crimson Canary (1945) Destacados artistas de jazz

Of Human Bondage (1946) Erich Korngold

Best Years of our Lives (1946) Hugo Friedhofer

The Yearling (1946) Michael Leonard

The Fabulous Dorseys (1947) The Dorsey Brothers

The Lost Moment (1947) Daniele Amfitheatrof

The Secret beyond the Door (1948) Miklós Rózsa

The Red Shoes (1948) Brian Easdale

Force of Evil (1948) David Raksin

The Treasure of the Sierra Madre (1948) Max Steiner

The Bicycle Thief (1948) Alessandro Cicognini

Macbeth (1948) Jacques Ibert

Scott of the Antarctic (1948) Vaughan Williams

Hamlet (1948) William Walton

The Red Pony (1949) Aaron Copland

The Heiress (1949) Aaron Copland

Young Man with a Horn (1949) Harry James

Pinky (1949) Alfred Newman

Passport to Pimlico (1949) Georges Auric

The Fall of Berlin (1949) Dmitri Shostakovich

The Battle of Stalingrad (1949) Aram Khachaturian

Pacific 231 (1949) Arthur Honegger

1950's

*Sunset Boulevard (1950) Franz Waxman

Panic in the Streets (1950) Alfred Newman

Quo vadis? (1951) Miklós Rózsa

The Unforgettable Year 1919 (1951) Dmitri Shostakovich

The Day the Earth Stood Still (1951) Bernard Herrmann

The Lavender Hill Mob (1951) Georges Auric

*A Streetcar Named Desire (1951) Alex North

**High Noon (1952) Dimitri Tiomkin

Images pour Debussy (1952) Claude Debussy

Fountains of Rome (1953) Renzo Avanzo

Tokyo Story (1953) Kojun Saito

The Wild One (1953) Leith Stevens

Julius Caesar (1953) Miklós Rózsa

The Glenn Miller Story (1954)
Miller/Gershenson/Mancini

*On the Waterfront (1954) Leonard Bernstein

East of Eden (1955) Leonard Rosenman

Rebel without a Cause (1955) Leonard Rosenman

The Cobweb (1955) Leonard Rosenman

The Man with the Golden Arm (1955) Elmer Bernstein

The Blackboard Jungle (1955) Max Freedman

The Gadfly (1955) Dmitri Shostakovich

Animal Farm (1955) Matyas Seiber

Kurutta kajitsu (1956) Tōru Takemitsu

Forbidden Planet (1956) Louis and Bebe Barron

Rock around the Clock (1956) Max Freedman

Love me Tender (1956) Lionel Newman

Música Cinematográfica

Giant (1956) Dimitri Tiomkin

Friendly Persuasion (1956) Dimitri Tiomkin

Crime in the Streets (1956) Franz Waxman

The Benny Goodman Story (1956) Gershenson/Mancini y otros

Loving You (1957) Walter Scharf

Jailhouse Rock (1957) Jeff Alexander

Sait-on-jamais (1957) John Lewis

The Bridge on the River Kwai (1957) Malcolm Arnold

St Louis Blues (1958) W. C. Handy y otros

I want to Live! (1958) Johnny Mandel

Touch of Evil (1958) Henry Mancini

L'ascenseur pour l'echafaud (1958) Miles Davis

Black Orpheus (1958) Bonfa, Carlos y Gilberto

The Big Country (1958) Jerome Moross

*Vertigo (1958) Bernard Herrmann

The Brothers Karamazov (1958) Karol Rathaus

The Gene Krupa Story (1959) Leith Stevens

Odds against Tomorrow (1959) John Lewis

Anatomy of a Murder (1959) Duke Ellington

Shadows (1959) Charles Mingus, Curtis Porter

Look Back in Anger (1959) Chris Barber

Expresso Bongo (1959) Monty Norman, David Heneker

North by Northwest (1959) Bernard Herrmann

*Ben-Hur (1959) Miklós Rózsa

1960's

**Magnificent Seven (1960) Elmer Bernstein

**Psycho (1960) Bernard Herrmann

Spartacus (1960) Alex North

King of Kings (1961) Miklós Rózsa

Paris Blues (1961) Duke Ellington

El Cid (1961) Miklós Rózsa

The Innocents (1961) Georges Auric

Breakfast at Tiffany's (1961) Henry Mancini

*To Kill a Mockingbird (1962) Elmer Bernstein

**Lawrence of Arabia (1962) Maurice Jarre

*How the West Was Won (1962) Alfred Newman & Ken Darby

Sanjuro (1962) Kojun Saito

Cleopatra (1962) Alex North

Mutiny on the Bounty (1962) Bronislaw Kaper

Tom Jones (1963) John Addison

Música Cinematográfica

Summer Holiday (1963) Black, Myers y Cass

The Servant (1963) John Dankworth

Cleopatra (1963) Alex North

The Birds (1963) Bernard Herrmann

The Great Escape (1963) Elmer Bernstein

633 Squadron (1964) Ron Goodwin

A Fistful of Dollars (1964) Ennio Morricone

A Hard Day's Night (1964) The Beatles y George Martin

The Umbrellas of Cherbourg (1964) Michel Legrand

*The Pink Panther (1964) Henry Mancini

The Gospel according to St Matthew (1964) Luis Enriquez Bacalov

Zorba the Greek (1964) Mikis Theodorakis

Hamlet (1964) Dmitri Shostakovic

The Woman of the Dunes (1964) Tōru Takemitsu

Doctor Zhivago (1965) Maurice Jarre

For a Few Dollars More (1965) Ennio Morricone

Fantastic Voyage (1966) Leonard Rosenman

The Blue Max (1966) Jerry Goldsmith

The Good, The Bad and the Ugly (1966) Ennio Morricone

A Man Called Adam (1966) Benny Carter

Blow-Up (1966) Herbie Hancock

Alfie (1966) Sonny Rollins

Peter Gunn (1967) Henry Mancini

Sweet Love Bitter (1967) Mal Waldron

The Odd Couple (1967) Neal Nefti

In Cold Blood (1967) Quincy Jones

The Graduate (1967) Simon and Garfunkel/Dave Grusin

2001 a Space Odyssey (1968) Varios trabajos de concierto

*Planet of the Apes (1968) Jerry Goldsmith

Bullitt (1968) Lalo Schifrin

Head (1968) Ken Thorne

Butch Cassidy and the Sundance Kid (1969) Burt Bacharach

Easy Rider (1969) Roger McGuinn

Zabriskie Point (1969) Pink Floyd & Jerry Garcia

Airport (1969) Alfred Newman

True Grit (1969) Elmer Bernstein

Where Eagles Dare (1969) Ron Goodwin

Once upon a Time in the West (1969) Ennio Morricone

1970's

Jack Johnson (1970) Miles Davis

Música Cinematográfica

King Lear (1970) Dmitri Shostakovich

A Clockwork Orange (1971) Giorgio Moroder

Summer of '42 (1971) Michel Legrand

Straw Dogs (1971) Jerry Fielding

**Godfather (1972) Nino Rota

Lady Sings the Blues (1972) Michel Legrand & Gil Askey

Sisters (1972) Bernard Herrmann

Jesus Christ Superstar (1973) Webber, Previn y Spencer

The Way We Were (1973) Marvin Hamlisch

American Graffiti (1973) "41 original hits" (no hay soundtrack)

The Exorcist (1973) Jack Nitzsche

**Chinatown (1974) Jerry Goldsmith

Death Wish (1974) Herbie Hancock

**Jaws (1975) John Williams

Taxi Driver (1976) Bernard Herrmann

The Omen (1976) Jerry Goldsmith

**Star Wars (1977) John Williams

New York, New York (1977) John Kander & Fred Ebb

Saturday Night Fever (1977) Barry, Robin y Maurice Gibb

Sorcerer (1977) The Group, Tangerine Dream

Midnight Express (1978) Giorgio Moroder

Halloween (1978) John Carpenter

The Silent Partner (1978) Oscar Petersen

Grease (1978) Jacobs, Casey y Gibson

The Lord of the Rings (1978) Rosenman

Hair (1979) Galt MacDermot

Star Trek: The Motion Picture (1979) Jerry Goldsmith

1980's

Chariots of Fire (1981) Vangelis

*On Golden Pond (1981) Dave Grusin

Thief (1981) The Group, Tangerine Dream

Raiders of the Lost Ark (1981) John Williams

*E.T. (1982) John Williams

Koyaanisqatsi (1983) Philip Glass

Videodrome (1983) Howard Shore

The Company of Wolves (1984) George Fenton

Beverly Hills Cop (1984) Faltermeyer / Elfman

The Cotton Club (1984) John Barry

The Falcon and the Snowman (1984) Mays y Metheny

The Killing Fields (1984) Mike Oldfield

Paris, Texas (1984) Ry Cooder

Música Cinematográfica

Once upon a Time in America (1984) Ennio Morricone

Runaway (1985) Jerry Goldsmith

*Out of Africa (1985) John Barry

*The Mission (1986) Ennio Morricone

Round Midnight (1986) Herbie Hancock

Top Gun (1986) Harold Faltermeyer

Legend (1986) Jerry Goldsmith & Tangerine Dream

Fatal Attraction (1987) Maurice Jarre

Powaqqatsi (1988) Philip Glass

Bird (1988) Lennie Niehaus

Criminal Law (1988) Jerry Goldsmith

The Fabulous Baker Boys (1989) Dave Grusin

Casualities of War (1989) Ennio Morricone

1990's

Mo' Better Blues (1990) Bill Lee

La double vie de Véronique (1991) Zbigniew Preisner

Peter's Friends (1992) Varios artistas

Bram Stoker's Dracula (1992) Wojciech Kilar

The Lion King (1993) Hans Zimmer

Rising Sun (1993) Tōru Takemitsu

Schindler's List (1993) John Williams

Trois Couleurs (1993-4) Zbigniew Preisner

Four Weddings and a Funeral (1994) Richard Rodney Bennett

Death and the Maiden (1995) Wojciech Kilar

The Portrait of a Lady (1996) Wojciech Kilar

Evita (1996) Andrew Lloyd Webber

William Shakespeare's Romeo and Juliet (1996) Hooper, Vries y Armstrong

The Secret Agent (1996) Philip Glass

2000's

The Legend of Bagger Vance (2000) Rachel Portman

Harry Potter and the Sorcerer's Stone (2001) John Williams

The Lord of the Rings: The Fellowship of the Ring (2001) Howard Shore, Enya

The Mists of Avalon (TV) (2001) Lee Holdridge

Frida (2002) Elliot Goldenthal

The Lord of the Rings: The Two Towers (2002) Howard Shore

Star Wars: Attack of the Clones (2002) John Williams

Angels in America (TV) (2003) Thomas Newman

Children of Dune (TV) (2003) Brian Tyler

Gods and Generals (2003) John Frizzell, Randy Edelman

Música Cinematográfica

The Gospel of John (2003) Jeff Danna

The Lord of the Rings: The Return of the King (2003) Howard Shore

The Missing (2003) James Horner

Sinbad: Legend of the Seven Seas (2003) Harry Gregson-Williams

Timeline (2003) Brian Tyler, Jerry Goldsmith

Alexander (2004) Vangelis

Arséne Lupin (2004) Debbie Wiseman

Deep Blue (2004) George Fenton

The Terminal (2004) John Williams

Troy (2004) James Horner, Gabriel Yared

The Brothers Grimm (2005) Dario Marianelli

The Legend of Zorro (2005) James Horner

Racing Stripes (2005) Mark Isham

Lady in the Water (2006) James Newton Howard

The Nativity Story (2006) Mychael Danna

The Promise (2006) Klaus Badelt

Superman Returns (2006) John Ottman

Angel (2007) Philippe Rombi

Curse of the Golden Flower (2006) Shigeru Umebayashi

Island of Lost Souls (2007) Jane Antonia Cornish

Nomad: The Warrior (2007) Carlo Silotto

Agora (2009) Dario Marianelli

Avatar (2009) James Horner

Pope Joan (Die Päpstin) (2009) Marcel Barsotti

2010's

Alice in Wonderland (2010) Danny Elfman

The Chronicles of Narnia: The Voyage of the Dawn Treader (2010) David Arnold

The Last Airbender (2010) James Newton Howard

The Adventures of Tintin: The Secret of the Unicorn (2011) John Williams

La Ligne Droite (2011) Patrick Doyle

Priest (2011) Christopher Young

Real Steel (2011) Danny Elfman

Soul Surfer (2011) Marco Beltrami

The Hobbit: An Unexpected Journey (2012) Howard Shore

Journey 2: The Mysterious Island (2012) Andrew Lockington

The Hobbit: The Desolation of Smaug (2013) Howard Shore

Jack the Giant Slayer (2013) John Ottman

Now You See Me (2013) Brian Tyler

Música Cinematográfica

Romeo & Juliet (2013) Abel Korzeniowski

RECORRIDO SUGERIDO

Citizen Kane es un drama americano escrito en 1941. Orson Welles aparece en el papel principal y contribuye como escritor y productor de esta obra maestra. Muchos críticos y productores la consideran el más grande de todos los filmes. De hecho, fue elegida con este título en cinco encuestas de la Site and Sound Critics Poll, y fue reemplazada por *Vértigo* en 2012. Su cinematografía, estructura narrativa y música han sido especialmente reconocidos como avances históricos para su época.

Típico de su era, el compositor Bernand Hermann estudió en Alemania. Hermann escribió música para más de 100 películas. El enlace provisto debajo presenta la música de Citizen Kane [http://tinyurl.com/p7fruqv] y el resumen de la trama [https://tinyurl.com/y94s9wh8] describa los dos estados de ánimo principales de este fragmento. ¿A qué apunta la yuxtaposición de estos estados anímicos dentro de la película? ¿Cómo es que esta yuxtaposición revela el significado final de la historia misma?

III. ¿QUÉ ES LA MÚSICA CINEMATOGRÁFICA?

Incredulidad suspendida

Entonces, ¿qué es la música cinematográfica? Es sorprendente cuan poca gente tiene una idea. Usualmente, limitamos la idea de la música cinematográfica a "música que acompaña a un filme." Ciertamente esto la limita.

El pensamiento lógico requiere concentrarse en una cosa a la vez. En este caso, usualmente es la narrativa. Todos los demás elementos deben apoyar y servir al filme. En otras palabras, "la música siempre debe acompañar a la película." La noción de que la música cinematográfica podría diferir u oponerse al filme parece una contradicción al pensamiento informado.

Veremos que el lenguaje de la música cinematográfica es *el lenguaje de la yuxtaposición*, donde cosas que no necesariamente corresponden son ensambladas, ¡incluso pueden oponerse unas a otras! ¿Recuerda cómo en el primer capítulo se mencionó la crítica que describía a la música cinematográfica como inherentemente bizarra? Este lenguaje, además, requiere una respuesta intuitiva que - a diferencia del pensamiento lógico - fácilmente abarca enormes cantidades de sujetos yuxtapuestos en un mismo momento.

De esta forma nuestra definición de "música cinematográfica" requerirá la complicada suspensión de la incredulidad.

De la misma forma que Samuel Taylor Coleridge aseguró hace casi doscientos años que el disfrute del arte depende de la "voluntaria suspensión de la incredulidad."[17] Esta suspensión - la "compra" de la tensión entre lo conocido y lo desconocido o lo relevante y lo irrelevante - nos permite disfrutar todo: desde *La divina comedia* hasta *Star Wars*.

Por lo tanto, comencemos con esta definición de música cinematográfica:

> Música cinematográfica es el lenguaje **intuitivo**, **no literal** de la **yuxtaposición**. Mediante el uso de sonido, la participación en este lenguaje es **inmersiva** e **interactiva** y su resultado es el **sentido experimentado**.

Cada uno de los términos mencionados anteriormente merece su propia descripción.

---

[17] Neil Greenberg, *Art and Organism: A Biological Perspective on Art and Aesthetics* http://neilgreenberg.com/ao-quote-willing-suspension-of-disbelief/

IV. LA MÚSICA CINEMATOGRÁFICA ES INTUITIVA

Si tienes que explicar un chiste, no es chistoso. Ciertamente, siempre podemos observar, examinar y analizar eventos, pero la intuición sucede antes de que dilucidemos las cosas. En otras palabras, se refiere a la sapiencia del momento que observa vínculos escondidos entre las cosas. Podríamos incluso llamarla conciencia trans racional, ya que ignora la "cadena lógica tradicional paso a paso."[18]

A menudo describimos el momento de "¡Aha!" como un sentimiento visceral o una corazonada. En ocasiones mencionamos "me cayó del cielo." Considere este ejemplo:

Un mariscal de campo de la NFL debe tomar diversas decisiones difíciles en sólo unos segundos antes de ser aplastado. Cada jugada es una mezcla de planeación cuidadosa e improvisación arriesgada en fracciones de segundo. ¿Cómo toma todas las decisiones? ¡Es como si su mente las tomará por él![19]

---

[18] Heim, 96.

[19] Jonah Lehrer, citado en la reseña del libro de David May *How We Decide*, (Orlando, FL: Houghton Mifflin

Pocos son mariscales de campo, pero todos necesitamos este regalo. La mente intuitiva funciona en un nivel mucho más sensible y complejo que el pensamiento ordenado.

> No se puede estudiar el placer en el momento de un abrazo nupcial ... ni analizar la naturaleza del humor mientras uno está carcajeándose.[20]

En resumen, no podemos existir sin la revelación intuitiva que nace de la inspiración profunda y que viene de más allá del conocimiento ordinario o la inteligencia.

Harcourt, 2009) http://tinyurl.com/6x2uot3
[20] C. S. Lewis ,God in the Dock, p.57, Wm. B. Eerdmans Publishing 2014

V. LA MÚSICA CINEMATOGRÁFICA ES NO LITERAL

De manera semejante, la música cinematográfica no es literal. Se mueve más allá de la comunicación "estructurada". Yace libre de nuestras reglas semánticas y rechaza la precisión del lenguaje retorciéndolo para sus propios fines.

En otras palabras, la música cinematográfica es *extralingüística*.

Compone sus propias rúbricas, salta más allá de la pomposidad pasada y revela significados más allá del límite del diccionario. Más que una marcha hacia la última respuesta "correcta", la música cinematográfica disfruta el mosaico de los sentimientos significativos o el caleidoscopio de patrones proféticos.

Los antiguos hebreos conocían este lenguaje: "en muchas revelaciones separadas [cada cual brindando una porción de la verdad] y en muchas formas diferentes Dios habló a nuestros padres, en y a través de los profetas."[21]   En otras palabras, los hebreos

---

[21] Hebrews 1:1, *The Amplified Bible* (Grand Rapids, MI: Zondervan Corporation, 1987).

aceptaban todas las revelaciones y las reconocían como partes de la verdad. De la misma forma, la música cinematográfica revela múltiples perspectivas de un tema subyacente. El lenguaje parece no tener propósito para la mente moderna si no cuenta con claridad o conciencia. Sin embargo, la música cinematográfica nos atormenta. Se muestra a medias y se desvanece a medias. Se torna *intencionalmente* vaga. No proveer respuestas es tan vital como hacerlo. Después de todo, ¿cómo podría ser a la vez no literal e intuitiva?

Es obvio que tanto el filme como la música cinematográfica son esencialmente lenguajes sensitivos - involucran los sentidos, sentimientos y emociones - ya que dependen de "una superficie pre semántica de experiencia para tener impacto."

Los expertos en gramática llaman a cualquier cosa que sea "no literal", sentido figurado. Sin duda, escritores expertos manipulan voluntariamente el material figurado. A menudo el vacío pasajero de las palabras superficiales pero coloridas, de los clichés sin inspiración y las metáforas muertas frustran la creación de las obras maestras de nuestro tiempo. En nuestro pensamiento "iluminado", hemos perdido la profundidad de la metáfora - ya sea en las palabras o en la música. Los antiguos hebreos, por ejemplo, creían que la metáfora profética era la voz de Dios mismo.[22]

---

[22] Hosea explica en 12:10 que Dios habla a través de *damah*, que significa "metáfora profética."

Al menos debemos recordar las bonanzas del hemisferio cerebral derecho con sus poderes de reconocimiento de patrones, percepciones holísticas, emociones, sentimientos e intuición. Deberíamos al menos admitir, que el lenguaje muere para vivir y que las lenguas de hoy en día giran cada vez menos en torno a la palabra. En efecto, vivimos una "era post literaria"[23].

De ahí la absoluta necesidad de las artes.

Las tensiones transparentes dentro del filme y la música cinematográfica se pueden convertir en nuestro único pasaporte hacia una realidad no tan ficticia. El "lenguaje de la yuxtaposición" provee acceso a este mundo.

---

[23] Marie-Laure Ryan, Narrative as Virtual Reality: Immersion and Interactivity in Literature and Electronic Media (Baltimore, MD: The Johns Hopkins University Press, 2003) p. 60 - 61.

VI. LA MÚSICA CINEMATOGRÁFICA ES "EL LENGUAJE DE LA YUXTAPOSICIÓN"

Rostros opuestos

La música cinematográfica debe hacer más que simplemente añadir atmósfera, proveer continuidad, intensificar o disminuir la acción. Debe hacer más que imitar obviedades de la historia. Debe aspirar a hacer más que simplemente añadir extravagancias superficiales empeñadas en dar espectáculo visual.

La música provee una percepción poderosa, extraordinaria, lo hace en un lenguaje separado al filme. Aunque conforme un acompañamiento, su propósito nunca ha sido ser "reparto". Gracias a que su lenguaje es la yuxtaposición - situar dos cosas juntas que no lo pertenecen, la tensión creada apunta a una tercera realidad más allá de la yuxtaposición misma.

No existe "acompañamiento".

Los antiguos griegos y hebreos creían en una fuerza poética y profética llamada *prosopon*, que significa "un rostro frente a otro." Inclusive, creían que la tensión resultante de rostros opuestos apunta a una tercer realidad u otredad radical, ellos la llamaban *Geist, pneuma* o "espíritu de la verdad."

Así que la relación extraña entre filme y música cinematográfica nos afecta más cuando su supuesto acuerdo es completamente desconocido o ultimadamente "tan maravillosamente conocible."[24] Su vínculo se descubre a medias y se desvanece a medias. El espectáculo se arruina si se devela completamente (como acompañamiento) o se desvanece completamente (si esta relación se destruye por completo).

Tanto dentro como entre el filme y la música cinematográfica, lo "conocido" nos dispara hacia lo "desconocido", mientras lo "desconocido" se ancla en lo "conocido." Lo "conocido" le da cuerpo a lo "desconocido" y lo "desconocido" provee de poder a lo "conocido".

La pena secreta del payaso feliz

En un campo serio e imaginario, tanto el filme como la música cinematográfica crean tensiones entre lo conocido y lo desconocido, lo real y lo irreal, lo esperado y lo inesperado. Sostienen mejilla a mejilla lo viejo y lo nuevo, lo local y lo global, lo terrestre y lo alienígena. Yuxtaponen lo bello y horrible, lo ordinario y lo raro, la fuerza del hábito y la sorpresa de lo nuevo.

---

[24] Dudley Andrew "Cinema & Culture", *Humanities*, Vol. 6, No. 4 (Agosto 1985), pp. 24-25

En la antigua metáfora, "el tiempo vuela", conocemos el "tiempo" - el pasar de los días, por ejemplo - y conocemos "vuelo" - el paseo de las aves. Pero cómo podemos unir estas dos experiencias permanece "desconocido." Sin importar qué tanto se analice o parafraseé, la tensión dentro de esta metáfora permanece misteriosa. Nuestro breve momento en la tierra, nos quita el aliento, puesto que, más que observación lógica, es la medida de nuestra propia mortalidad.

Las tensiones sin resolución en estas relaciones ridículas son como cuerdas de violín ancladas en un punto y encinchadas del otro, regocijándose y sufriendo al mismo tiempo con el paso del arco. De forma parecida, estas realidades radicalmente diferentes son como el arco mismo, que lanza la flecha intencionalmente gracias a la tensión de los extremos opuestos.

A veces como una lucha y en ocasiones como un coqueteo, todos hemos sentido estas fuerzas. Hemos percibido, por ejemplo, la pena secreta del payaso feliz. Nos hemos maravillado con los espirituales negros que cantan tanto de alegría como de tristeza simultáneamente. Hemos probado concurrentemente, lo dulce y lo amargo de la boda de una hija.

En ocasiones de forma sutil y en ocasiones no tanto, estas tensiones irrumpen en nuestra realidad. Estos espacios en nuestro conocimiento arrancan el velo de la familiaridad de nuestro mundo. Pueden atraparnos con la guardia baja, violar nuestras expectativas e impertinentemente empujar nuestras etiquetas. Son "post-predecibles."[25]

"Multi-todo"

Como animales en alerta, percibimos una aceleración - una agudeza de los sentidos - una concentración instantánea. Esperamos con una ilusión intensa algún tipo de resolución. Quienes tienen voluntad celebran estas intrusiones con la fascinación y emoción propios de un nuevo viaje. Están listos para "llegar a algún sitio." Saben que no es el fin, sólo el comienzo.

Las yuxtaposiciones entre música y drama son lo opuesto al pensamiento correcto donde las ideas se simplifican rápidamente a una sola conclusión. Las tensiones entre estas y otras artes comienzan y terminan con un "Multi todo."

Para empezar, son multimedia. Toman muchas formas. No sólo se enmascaran como sonidos, movimientos, historias, imágenes y demás, también toman lugar en cualquier espacio, en cualquier momento. Una historia, por ejemplo, "puede ser recontada de formas infinitas."[26]

La yuxtaposición es también multi sensorial, un sentido se cruza fácilmente al otro:" la soprano tiene una voz dulce" (sabor a oído.) "El violinista tiene un tono

---

[25] Chip Heath y Dan Heath, *Made to Stick: Why Some Ideas Survive and Others Die* (New York: Random House, 2007) p. 71.
[26] Ryan, 119.

aterciopelado" (tacto a oído.) "No existe un límite al número de posibles materializaciones."[27]

De forma parecida es "Multi perspectiva." Yuxtaposiciones sencillas se apilan unas sobre otras hasta alcanzar gran complejidad. Este tumulto de tensiones se torna caleidoscópico; esto sucede en diversos niveles al mismo tiempo. Aunque los intelectuales dan poco crédito a esta noción, "la conciencia puede ocupar múltiples puntos de vista."[28] este regalo significa que las artes fílmicas son un ciclo sin fin de recursos que se expanden, un constante estado de flujo y forma, un remolino de autorreflexión multifacético: este es su secreto.

Mientras más complejo, más tenso; mientras más tenso, más significativo.

La música, por ejemplo, es un rascacielos virtual de yuxtaposiciones en diferentes niveles. Las melodías van contra sus propias direcciones; las armonías contra su propia tonalidad; los ritmos interrumpen sus propios pulsos, y los demás elementos (timbre, textura, forma, dinámicas, contexto, sensación y demás) crean tensiones y resoluciones similares. Estas tensiones no sólo existen dentro de cada elemento sino entre ellos.

Si todas estas tensiones no fueran suficientes, considere el filme. Durante mucho tiempo hemos buscado una interfaz poderosa, la aproximación total entre las artes. Primero, la llamamos drama (entre los

---

[27] Ryan, (anterior).
[28] Ryan,71.

griegos), después Ópera... Opereta... Teatro musical y finalmente Cine. En él existen innumerables caleidoscopios al encontrar a la música, el drama, el arte visual, la narrativa y la coreografía trabajando en complejidad - no sólo dentro de cada arte sino en contra - con el objetivo de descubrir un principio trascendente, unificador.

La misma semilla del arte

El lenguaje de la yuxtaposición presenta tanto poder como esperanza para el drama musical. Grandes mentes concuerdan: Johann-Georg Hamann insistía "la verdad aparece sólo a través de contradicciones de la razón"[29] y Søren Keirkegaard reafirma "toda verdad existencial es paradójica... (y) el lenguaje de la revelación... (es) la paradoja absoluta."[30]

Tal vez sea fácil identificar la yuxtaposición como una metáfora *profunda* - no una metáfora *literal* o lenguaje figurado. Ya que la metáfora literal "consigue en una palabra o frase lo que de otra forma debería ser expresado en muchas palabras, si es posible del todo."[31] las grandes películas y la gran música cinematográfica representan este "del todo."

---

[29] Johann Georg Hamann, citado en Louis Dupré, *Symbols of the Sacred* (Grand Rapids: Eerdmans, 2000) p. 58.

[30] Søren Kierkegaard, citado en Dupré, p. 58.

[31] Elyse Sommer y Dorrie Weiss, *Metaphors Dictionary, First Edition* (Tampa, FL: International Thomson Publishing Company, 1995) p vii.

La yuxtaposición simplemente no funciona si se sigue el camino de las metáforas vacías que sólo apuntan a sí mismas. Demasiado de lo "conocido", por ejemplo, resulta aburrido - el tedio del cliché y la metáfora muerta. En otras palabras, la yuxtaposición pierde su poder si las contradicciones lo pierden.

De la misma forma, demasiado de lo "desconocido" resulta en caos - la violación total de lo ordinario y la distorsión surreal de la vida misma. "Si cambias (una manzana) demasiado, ya no tienes una manzana."[32]

Grandes artistas de todo tipo reconocen a la metáfora compleja y profunda como nuestro lenguaje de yuxtaposición. En efecto, el arte es imposible sin este tipo de metáfora. "Representa la estructura misma del arte... Un modelo perfecto... Es una obra de arte miniatura, la semilla misma, una minúscula porción. Más importante, es el prototipo y poder de todas las artes."[33]

¿Cómo podemos participar de este poder?

Aunque creamos interpretar películas y música cinematográfica, hablamos del objeto de nuestra atención en el lenguaje de la yuxtaposición. Creamos nuevas yuxtaposiciones al explorar las continuidades y conexiones que permanecen escondidas en la imagen sensorial original. Una vez más actuamos como interfaz

[32] Cline, 102.
[33] Carl Hausman, *Metaphor and Art: Interactionism and Reference in the Verbal and Nonverbal Arts* (New York: Cambridge University Press, 1989) p 231.

de lo poco parecido. Compramos cosas que no pueden ser cotejadas, en ocasiones equiparando lado a lado, formas artísticas y sentidos.

Aristóteles insistió, "lo más grande sin duda es ser maestro de la metáfora."[34] a los artistas y profetas griegos y hebreos esto les significaba tener una habilidad inspirada en el lenguaje de la yuxtaposición. Aún necesitamos "la fascinación con lo discontinuo, el saldo analógico, el encuentro aleatorio de la yuxtaposición y las explosiones causadas por la colisión de yuxtaposiciones."[35]

Podemos ver que la gran música cinematográfica debe trasladar la inspiración original del filme a un mundo separado pero paralelo. La yuxtaposición entre filme y música cinematográfica no es la mecha ni la vela...

sino el fuego.

---

[34] Aristotle, *The Poetics*, http://tinyurl.com/3wfxf7m
[35] Ryan, 353

RECORRIDO SUGERIDO

The pink panther muestra una amplia variedad de estilos musicales cinematográficos y la importante inclusión del jazz. Este filme es una comedia que describe las hazañas de el torpe inspector Clouseau, quien debe resolver el asesinato de un famoso entrenador de fútbol y descubrir, paralelamente, al ladrón del famoso diamante "la pantera rosa".

La música es obra de Henry Mancini (1924-1994), compositor americano, conductor y arreglista, muy reconocido por su trabajo en cine y televisión. Su impresionante carrera incluye cuatro premios de la academia, un globo de Oro y diez Grammys. También recibió de forma póstuma el premio Grammy a la trayectoria vitalicia en 1995.

Antes de responder a las preguntas siguientes, recuerde nuestra definición de música cinematográfica:

"La música cinematográfica es intuitiva, el lenguaje no literal de la yuxtaposición. Al usar el sentido del sonido, la participación en este lenguaje es inmersiva e interactiva y el resultado de la experiencia es el sentido experimentado."

Escuche la música y capture sus respuestas:

[http://tinyurl.com/auuf927]

1. Al escuchar esta música, ¿qué sonidos le parecen más llamativos? Una vez más, no hay que tener entrenamiento musical para contestar. Sólo describa en sus propias palabras

55

la naturaleza general de los sonidos que escucha. Simplemente primera impresión.

2. ¿Qué sonidos en particular recordará dentro de una semana?

3. Describa qué sonidos le gustan más. ¿Por qué?

4. Describa qué sonidos le gustan menos. ¿Por qué?

5. Si usted fuera el compositor, ¿qué instrumentos musicales o voces le añadiría? ¿qué tipo de sonidos musicales añadiría a los ya presentes?

6. Si fueras un compositor *avant-garde* que busca agregar material no musical, *¿qué sonidos no musicales agregarías?*

7. Mientras toca la pieza, desarrolle una imagen que la acompañe.

8. Completa los detalles de la imagen.

9. ¿Qué emociones están involucradas en la imagen?

10. Ponga un título a la imagen.

11. ¿Ha visto un evento similar a esto?

12. ¿Ha experimentado emociones parecidas? Describa.

13. Si esta música tuviera un "mensaje", ¿cómo contestaría usted?

VII. LA MÚSICA CINEMATOGRÁFICA ES INMERSIVA

Atrapado en otra "realidad".

La música cinematográfica requiere del fenómeno de la inmersión. Esto sucede cuando nos sentimos "inmersos" en un tiempo y lugar virtuales, cuando nos sentimos absorbidos en un "mundo" diferente, o cuando nuestros sentidos están atrapados en otra "realidad".

En otras palabras, la inmersión colapsa la distinción entre las palabras reales y las imaginarias. Es una experiencia en "primera persona" donde ya no se observa desde afuera, si no hacia fuera, desde dentro.

La inmersión también implica envolvimiento sensorial fértil. Es el conocimiento de una mente encarnada. Sucede cuando nuestros sentidos y sentimientos son captivados, absortos, percibidos - cuando son movidos, incitados, transportados. La juventud actual lo llamaría "estar en la zona" o "en el momento". Es similar al envolvimiento sensorial casi total de leer un libro o jugar videojuegos, pero ...

> ... en su mejor versión, la inmersión puede ser una experiencia estimulante y aventurera comparada a nadar en aguas gélidas con corrientes fuertes. El medio ambiente parece de inicio hostil, uno lo afronta renuentemente, pero al mojarse y confiar el cuerpo a las olas, uno jamás quiere salirse. Y cuando finalmente lo hace, se siente refrescado y lleno de energía.[36]

Muchos temen a la inmersión ya que parece amenazar al pensamiento crítico. Otros temen "perderse" - en los peligros psicológicos del "ser." Estas conversaciones vendrán después ...

Por ahora sólo recordemos que todos vivimos y nos "perdemos" en palabras ficticias, no sólo en nuestras siempre activas imaginaciones y razonamientos, sino también en lo que elegimos como entretenimiento. Algunas de estas experiencias ciertamente son bobas - "no puedo creer que me estoy dejando llevar por esto" - y algunas son intencionalmente serias, ya que la inmersión es la finalidad de todo gran arte.

Sin embargo, cuando sea y donde sea, la inmersión siempre debe ser una decisión consciente, entonces, habiendo tomado dicha decisión, la mente encarnada entra a este mundo ficticio lenta y suavemente.

> "La cultura moderna está fascinada con medios cada vez más transparentes, con la inmersión total de los sentidos"[37]

---

[36] Ryan, 11.

Con la añadidura de la tecnología de *realidad virtual,* uno sólo puede imaginarse los filmes del futuro.

---

[37] Ryan, 347.

VIII.   LA MÚSICA CINEMATOGRÁFICA ES INTERACTIVA

"Meditación investiga"

No es sorpresa que la música cinematográfica requiera escuchas interactivos. Está dotada de una "interfaz" que se convierte en exploración inquisitiva, una búsqueda involucrada. Es el arte del descubrimiento. Es la herramienta principal de la fantasía seria. Después de todo, el lenguaje musical combina lo "esperado" y lo "inesperado." Sin nuestras expectativas activas, la música fallaría en su intento de comunicar.

Esto sucede en distintos niveles de intensidad. Los niños, por ejemplo, viven en mundos imaginarios donde los juguetes representan a un mundo real que ellos apenas comienzan a explorar. Con los filmes, hacemos lo mismo, pero en un nivel diferente. El mejor drama musical de hoy en día es mucho más que un juguete.

Para el novato, la "interactividad" es más pasiva que activa. Es tímidamente atenta, distantemente reflexiva y cuidadosamente contemplativa. En el mejor de los casos, el principiante permite que su imaginación fluya libremente con las posibilidades significativas. Pero esta "interactividad pasiva" no aporta más que el "relajarse" en un sauna.

Para los aficionados de la música cinematográfica, este cuestionarse natural se convierte más en una meditación activa. El teólogo del siglo XX, Ricardo de San Víctor, lo pone de esta forma: "la contemplación se pregunta ... (pero) la meditación investiga"[38]

Estos "investigadores" se sitúan a sí mismos en un "real" mundo irreal. De forma confiada se comprometen a un viaje desconocido y esperan seguramente cruzar barreras. Esta esperanza se asemeja a la emoción de los conductores de orquesta, cuando tienen en sus manos música nueva que aún no se ha interpretado.

Este nivel de experiencia clínica se alza hasta niveles de expectación o alerta, la observación de algo que ha de encenderse en llamas. Es en este punto donde los viajeros comienzan a ver cómo lo familiar se torna extraño y lo extraño familiar.

No les preocupa "dejarse llevar" por esta interfaz. No les molesta el alboroto de sus asunciones y preconcepciones. De hecho, le dan la bienvenida a la sorpresa, a la casualidad, a las conexiones frescas, a la visión periférica.

---

[38] Thomas Bestul, *Chaucer's Parson's Tale and the Late-Medieval Tradition of Religious Meditation,* http://www.jstor.org/pss/2854185

A menudo encontramos esta intensidad en aquellos que gustan de ver dramas en vivo (Teatro) y disfrutan la buena lectura. Viven la trama como su ***propio destino***, anticipan el desenlace de los mundos - "me pregunto..." "él debería..." "y que si ...". En otras palabras, su reflexión cruda se convierte en una reconstrucción espontánea en tiempo real que recibe y comparte del futuro por llegar.

El arte es un diálogo

Seguramente, en este momento ya entendemos que el arte fílmico es un "diálogo." Un proceso de dos vías entre el mundo del filme y el colaborador interactivo. Es un dar y recibir bidireccional, desde y hacia el movimiento.

Entre nosotros y "él", existe una complementariedad, un vínculo, una relación simbiótica. Entre nuestra imaginación inspirada en la imagen virtual, existe una extraña comunión, un discurso exótico. Entre dos cosas distintas en proximidad cercana, existe una continua interacción, un flujo total.

En pocas palabras, este diálogo es una reflexión revuelta y revolvente con significados en múltiples capas.

Comienza cuando la experiencia fílmica irrumpe en nuestro mundo, cuando espontáneamente nos encontramos forzados a responder, cuando somos impulsados a crear una imagen nueva o entender de forma creativa una ya creada. En este momento, nos sentimos empoderados para actuar, para expresar algo, para darle forma a las imágenes sensoriales.

En respuesta, le "damos la vuelta": irrumpimos en el mundo del filme.

Simplemente hablamos en el lenguaje de la yuxtaposición. Valientemente trasladamos el "objeto" a otros medios y otros sentidos. Libremente parafraseamos las imágenes originales a formas artísticas no relacionadas y sentimientos no cercanos. Como en un juego, ponemos "la bola a rodar." O como en el fútbol americano, un mariscal de campo arroja el balón a donde su receptor aún no se encuentra.

Nos preguntamos, "¿Como se transformaría este evento si valientemente le añadimos nuestras ideas a la idea original? ¿En qué se podrá convertir si insolentemente añadimos ideas conflictivas? ¿Cómo se verá, cómo sonará, cómo se sentirá - inclusive, a qué sabrá a qué olerá - si se le tradujera a danza, drama, música, arte visual, poesía, o ...?"

En otras palabras, exploramos la continuidad y las conexiones que permanecen escondidas en la imagen sensorial original. Fungimos cómo interfase de lo dispar. Comparamos cosas que no pueden ser comparadas, en ocasiones al sujetar lado a lado otras formas artísticas y otros sentidos.

De repente, nuestra respuesta parece alimentar la primera conciencia e inexplicablemente recibimos "retroalimentación" inmediata. En otras palabras, el mundo al que el drama musical apunta, crece como respuesta a nuestros sondeos y exploraciones. Nosotros hacemos algo y este nos responde.

Como resultado, recibimos un conocimiento más profundo, un significado más lejano, una revelación más rica que el objeto original. Así que respondemos de nuevo. Y como lo hicimos anteriormente, exploramos perspectivas opuestas del todo. Una y otra vez, más y más profundamente, respondemos y recibimos una visión creciente de un mundo alternativo - significados de múltiples capas sobre capas de múltiples significados.

De nuevo, hablamos de un proceso abierto.

Esta profundización es como estar en un pequeño pueblo escondido en todos sus flancos por montañas. Mientras trepamos, en búsqueda de distintas perspectivas, cada panorama aumenta la información sobre las viviendas y habitantes de dicho pueblo. Sorprendentemente, el pueblo parece cambiar y crecer con cada nueva perspectiva.

IX. LA MÚSICA CINEMATOGRÁFICA ES SENTIDO EXPERIMENTADO

Apuntar más allá

No podemos definir la música cinematográfica sin definir "sentido experimentado." Todo lo que hemos descrito podrá ser el "medio", pero no es el significado. En el arte profundo, fuerzas sensitivas escondidas yacen más allá del conocimiento y la inteligencia ordinarios. Como resultado, el gran arte apunta más allá de sí mismo. Se sobrepasa, habla más allá de sí mismo.

Pero su "medio no es el mensaje."

En otras palabras, habla indirectamente. El significado se completa a través de él, pero no en él. Todos sus componentes - lo intuitivo, lo no literal, lo inmersivo, lo interactivo, y todas las tensiones dentro de las yuxtaposiciones - conspiran para representar algo "que no se encuentra allí."

A través de tensiones insistentes entre los mundos de lo real y lo irreal, la música cinematográfica provee el transporte necesario hacia un tercer mundo de "sentido experimentado." En la música cinematográfica, el significado excede el medio; su propósito sobrepasa su apariencia.

Es "virtual". Es "indirecto."

Las artes proveen excelentes ejemplos: Henry Miller reporta, "el arte es un medio para la vida, para la vida más abundante. No es en sí mismo la vida más abundante"[39]. Incluso una gran obra maestra no puede reclamar su propio significado, ya que "la belleza abrumadora apunta más allá de sí misma."[40]Las películas populares pueden ser huéspedes de multitudes yuxtaposiciones entre drama, música, arte visual, poesía y coreografía, pero eso no es lo importante. Ted Nelson lo describe de esta forma: "¿a quién le importa?"[41]. Lo que es importante es el significado al que estas yuxtaposiciones apuntan.

Complementariamente, al leer una buena novela, nuestra preocupación principal no es el nombre del autor o su técnica al escribir. Nos divertimos, en vez, en sentido experimentado y en los souvenirs del viaje.

Así, en la música cinematográfica, el medio es el significante y el mensaje el significado; el medio es el mensajero y el mensaje lo enviado; el medio es el

---

[39] Henry Miller, citado en Brewster Ghiselin, *The Creative Process* (New York: Mentor Books, 1955) p. 181.

[40] Hans Urs von Balthasar, citado en Patrick Sherry, *Spirit and Beauty: An Introduction to Theological Aesthetics* (Oxford: Clarendon Press, l992) p. 161.
[41] Ted Nelson, citado en *Vorticism*, http://tinyurl.com/3qounlv

revelador y el mensaje lo revelado; el medio es la fantasía y el mensaje la certeza.

Cierto es que, las "artes" de la cultura y de los mercenarios comerciantes a menudo apuntan sólo a sí mismos. Sus palabras gritan, "¡míranos, míranos!" No hay nada de malo en un buen showman, pero se elabora poco significado al menos que el intérprete y el producto apunten más allá de sí mismos.

Una chispa iniciadora

En el drama musical, esta necesidad de significado viene de nuestro deseo de entender dónde hemos estado y hacia dónde vamos. Marie Ryan ofrece un ejemplo:

> El suspenso aumenta mientras el rango de posibilidades decae... La intensidad del suspenso es inversamente proporcional al rango de las posibilidades. Al inicio de la historia, todo puede suceder, los caminos bifurcados hacia el futuro son demasiado numerosos para contemplarlos. El futuro comienza a tomar forma cuando un problema surge y confronta al héroe con un número limitado de posibles líneas de acción. Cuando se elige una de las líneas, el espectro de los eventos posibles se reduce a una dicotomía de una rama que apunta al éxito y otra que apunta al fracaso, una polarización que marca el inicio del clímax en la acción"[42]

---

[42] Ryan, 142

Música Cinematográfica

Tarde o temprano, dejamos nuestras reflexiones - nuestras interacciones creativas - y cruzamos el puente hacia la interpretación - el mundo del sentido experimentado.

Hasta ahora, la historia y la música han estado en un estado fluido - ¡podríamos llamarlo alusiones amplificadas! Entonces, súbitamente comenzamos a percibir revelaciones inesperadas y no planeadas. Sócrates lo describe como algo "nacido súbitamente en el alma, como una luz... Lanzado por una chispa".[43] El escritor popular, Norman Maclean, describe "observar algo distintivo que te hace ver otra cosa de la cual no te habías dado cuenta, que a su vez te hace observar un tercer objeto que ni siquiera es visible"[44].

Aquellos con mayor experiencia intuitiva instantáneamente disciernen y separan lo superficial de lo profundo, la forma del contenido, la conveniencia de la epifanía y aquello sin valor de lo digno. Así instantáneamente, reconocen o resuenan con las ideas armoniosas, los saltos analógicos y la "evidencia sorpresiva".

Valientemente, comenzamos a "saber". Algo comienza a unir las cosas, a tomar forma. Este es un momento interpretativo - un momento "definitorio" - donde le damos al objeto de nuestra atención el foco necesario.

---

[43] Raoul Morley, *From Word to Silence, Vol. 1, The Rise and Fall of Logos* (Bonn: Hanstein, 1986), p. 95

[44] Norman Maclean, *A River Runs Through It* (New York: Pocket Books, 1992) p. 101.

En otras palabras, removemos la vaguedad y la duda, y registramos su identidad más claramente.

Lo "nombramos".

Un nuevo saber

Los filmes son fuente de asombro y sabiduría en nuestro tiempo - un mundo de profundo significado por ser descubierto. Son una versión avanzada de las metáforas *profundas*, y la metáfora ya se ha vuelto central en todos los estudios del significado. La metáfora se ha vuelto "central para la estética, el estudio de la literatura, la lingüística y la filosofía del lenguaje". Es "discutida en psicología, filosofía de la mente (y) en la filosofía de la ciencia"[45]; hacer que la vida cobre significado requiere de la metáfora".[46] Así que no es sorpresivo que la música cinematográfica se torne "una visión periférica por la cual percibimos y articulamos el trasfondo escondido de los entes, el mundo del contexto en el cual se tornan reales y llenos de significado"[47].

En los talones de la ilustración, donde "saber" es el resultado de una secuencia lineal del pensamiento crítico con una respuesta final "correcta", los grandes

---

[45] Daniel Gilman, "Book Reviews," *Modern Philology*, Vol. 89, Num. 3, Feb. 1992, p. 462.

[46] George Lakoff y Mark Johnson, *Philosophy in the Flesh: The Embodied Mind and Its Challenge to Western Thought* (New York, NY: Basic Books, 1999) pp. 58, 59.
[47] Heim, xiii.

filmes sugieren un cambio en "quienes somos dentro de la realidad". A pesar de todo no buscan desdeñar las tradiciones válidas, sino recrearlas. En las palabras de Marie Ryan, estamos entrando en "el dichoso estado de la omnisciencia retrospectiva"[48].

La espectacular diferencia del anterior "saber" viene del hecho de que la música cinematográfica es un "conocimiento encarnado", donde los sentidos inspirados, sentimientos y emociones se tornan extensiones cognitivas de la mente.

Interviene en la vida

No es sorprendente que la experiencia se vuelva un evento personal, un evento en primera persona. Tiene "nuestro nombre escrito por todas partes". En ocasiones percibimos, "esto fue sólo para mí". Y en los mejores momentos nos ofrecen un "devenir" permanente o inclusive una "transformación... irreversible".[49]

Cuando Dostoievski dijo, "la belleza salvará al mundo"[50] quiso decir que nuestro sentido de belleza salvará al mundo. Aquí no existe la belleza intelectual impersonal. Existe un rol para la lógica rigurosa del pasado que protege de la subjetividad egocéntrica, de la conformidad inconsciente y de la "amabilidad"

---

[48] Ryan, (anterior).
[49] Pierre Lévy, citado en Ryan, 35-37.
[50] Nancy Forest-Flier, "Beauty Will Save the World," http://bit.ly/ceJph9

corrupta. Pero la belleza que transforma el esfuerzo humano no viene de la "idea" del cambio. Proviene del poder del "sentido experimentado" de los eventos personales.

Las palabras razonadas de la era moderna pueden "sobrevenir" en la vida - esto es, pueden "añadir" a la vida. Pero las "palabras" ocultas de la música cinematográfica pueden "intervenir" en la vida - esto quiere decir, pueden "cambiar" la vida.

Souvenirs invaluables

Cuando se llega inicialmente a la interpretación - el momento sensible de nuestro viaje de sentido experimentado — se detiene el juego de yuxtaposiciones sin fin e inferencias sin fin. Es conveniente detenernos y comenzar nuestras interpretaciones, ya que las nuevas ideas son de breve vida, sin ningún tipo de inventario. Ahora regresamos a "casa", tal vez alterados por la experiencia. En este punto, usualmente olvidamos el "lenguaje" del viaje y recordamos sólo al significado.

Al menos que compartamos su significación con otros espectadores, el viaje ha terminado, la revelación ha cesado al igual que el poder que la alimentó.

RECORRIDO SUGERIDO

East of Eden es un filme de 1955 vagamente basado en la novela de John Steinbeck escrita en 1952. Describe a un joven voluntarioso que, mientras busca su propia identidad, compite por el amor de su religioso padre en contra de su hermano. Por supuesto, estamos hablando de una reinterpretación de la historia bíblica de Caín y Abel.

De las tres películas en las cuales James Dean - el icono cultural de la desilusión adolescente quien vivió una vida trágicamente corta - interpretó el papel protagónico, esta fue la única obra estrenada durante su vida y la única que Dean observó completa. Como resultado, la yuxtaposición de belleza y amargura en su música refleja tanto la historia del filme como la de su actor protagonista.

El compositor musical de este filme fue Leonard Rosenman, quien recibió dos premios de la academia y dos premios Emmy. También compuso bandas sonoras para al menos 61 películas. Enlace sugerido: https://youtu.be/Bh7iF0BxuNo

Antes de responder las siguientes preguntas hagamos un repaso de nuestra definición de música cinematográfica:

"La música cinematográfica es el lenguaje intuitivo de la yuxtaposición. Mediante el uso del sonido, la participación en este lenguaje es inmersiva e

interactiva, y el resultado de esta experiencia es el sentido experimentado."

Escuche la música y apunte sus observaciones.

1. Al escuchar esta música, ¿qué sonidos le parecen más llamativos? Una vez más, no hay que tener entrenamiento musical para contestar. Sólo describa en sus propias palabras la naturaleza general de los sonidos que escucha. Simplemente primera impresión.
2. ¿Qué sonidos en particular recordará dentro de una semana?
3. Describa qué sonidos le gustan más. ¿Por qué?
4. Describa qué sonidos le gustan menos. ¿Por qué?
5. Si usted fuera el compositor, ¿qué instrumentos musicales o voces le añadiría? ¿qué tipo de sonidos musicales añadiría a los ya presentes?
6. Si fuera un compositor *avant-garde* que busca agregar material no musical, *¿qué sonidos no musicales agregaría?*
7. Mientras toca la pieza, desarrolle una imagen que la acompañe.
8. Complete los detalles de la imagen.
9. ¿Qué emociones están involucradas en la imagen?
10. Ponga un título a la imagen.
11. ¿Ha visto un evento similar a esto?
12. ¿Ha experimentado emociones parecidas? Describa.

13. Si esta música tuviera un "mensaje", ¿cómo contestaría usted?

X. EL ROL DE LAS EMOCIONES, LOS SENTIMIENTOS Y LOS SENTIDOS

"los medios exactos mediante los cuales la música cinematográfica dispara respuestas emocionales en su público son desconocidos"[51]

La música cinematográfica y la realidad virtual.

Para comprender cómo la música cinematográfica "dispara" respuestas emocionales, primero debemos entender la realidad virtual. Después de todo, las artes y la realidad virtual comparten la misma definición:

> "... el lenguaje intuitivo no literal de la yuxtaposición... este lenguaje es inmersivo interactivo, y el resultado de dicha experiencia es el sentido experimentado."

La "realidad virtual" de hoy en día pudo haber comenzado con un hardware especializado - lentes, guantes y una computadora - "pero nuestros órganos sensitivos biológicos no son menos transmisores de señales y transductores que los lentes y trajes que vestimos al vivir la experiencia inmersiva de la realidad

---

[51] Shipon

virtual."[52]   Después de todo, las grandes películas y la gran música cinematográfica son igualmente vívidas para nuestros sentidos que los "simuladores de vuelo".

Toda la realidad virtual - incluido el cine y la música cinematográfica - es una experiencia sensual. Se mueve dentro de un ambiente sensorial rico y diverso. Es el poder dentro de las tecnologías sensoriales de hoy en día y un hábitat casi completo para cuerpo y mente. Aún más, increíblemente, es "la primera tecnología intelectual que permite el uso activo del cuerpo en la búsqueda del conocimiento"[53]

Todo lo que sabemos sobre la RV requiere de nuestras emociones, sentimientos y sentidos. La "información" dentro de la RV es después de todo, "información sensorial". Es fluida en el lenguaje de la experiencia inmediata y el sentido experimentado. Es "presente" ante nosotros simplemente porque nuestros cuerpos reales y virtuales interactúan con ella.

Pregúntele a los "gamers".

El mismo lenguaje

Ya que la RV "habla" *el lenguaje de la yuxtaposición*, no debería sorprendernos que las emociones y sentimientos de los filmes estén en este mismo lenguaje. Las emociones ordinarias, por ejemplo, ocurren una a la vez - uno se encuentra feliz o triste. Cuando dos o más emociones, se desafían mutuamente

---

[52] Zhai, xiv.
[53] Heim, vii, viii.

de forma simultánea - establecen yuxtaposiciones entre ellas mismas - encontramos una señal de que algo sucede en un nivel más profundo.

En la RV, las luchas sensoriales - entre la alegría y la tristeza, lo repulsivo y lo atractivo, el poder terrible y el misterio fascinante - se repelen tanto como se atraen. Encontramos yuxtaposiciones similares en las artes. Los afroamericanos celebran la alegría con la misma música que lamentaron durante la esclavitud. La música siempre provee una sensación, por supuesto, pero la música más profunda provee sensaciones opuestas.

De la misma manera, yuxtaposiciones sensoriales en la RV cruzan hacia otros sentidos. Llamamos sinestesia cuando un sentido puede evocar a otro o una sensación puede resultar en otra: "colores estruendosos", "sonidos obscuros", "olores dulces", "voces brillantes" o "tonos aterciopelados". Obviamente, estos términos son ilógicos, sin embargo, vivimos estas tensiones entre un sentido y el otro. No sólo "vemos", también "sentimos" lo que observamos.

Dichas tensiones pueden tornarse inclusive más complejas: cuando la RV nos lleva en un viaje multi sensorial a través de formas artísticas simultáneas - como en una película lo hace el Drama, Coreografía, Narrativa, Poesía, Arte visual, Música, etcétera - la multitud de yuxtaposiciones sensoriales juega el mismo papel que el velcro...

... mientras más ganchos, mejor.

Un saber encarnado

En la RV y en otras formas artísticas, el "sentir" y el "saber" se encuentran combinados. Por supuesto, esta noción es difícil de aceptar sobre todo por el pensamiento tradicional. Usualmente limitamos las emociones a la subjetividad espontánea y en ocasiones, inclusive restringimos a la mente a ser un órgano corporal situado en la cabeza. Cualquier otro "saber" es simplemente descartado como sujeto de análisis científico o razonamiento lógico. Otros observadores tienen diferentes puntos de vista:

> Supuestamente debemos ser pensadores lógicos y racionales, pero no lo somos. La mente está compuesta de una compleja red de distintas áreas, muchas relacionadas a la emoción... La conciencia es una pequeña parte de lo que el cerebro hace: mucho de lo que "pensamos" en realidad es manipulado por nuestras emociones.[54]

Fritjof Capra, físico americano, teórico de sistemas y autor va más allá: "todo pensamiento nace y es moldeado por el cuerpo"[55].

---

[54] Jonah Lehrer, citado en *Book Notes* de David Mays, una reseña del libro de Lehrer, *How We Decide*
http://tinyurl.com/6x2uot3
[55] Fritjof Capra, *The Hidden Connections: Integrating the Biological, Cognitive, and Social Dimensions of Life into a Science of* Sustainability (New York: Doubleday, 2002) p. 64, 65, 72. (bastardillas añadidas).

El rol de las emociones, los sentimientos y los sentidos

El cuerpo sapiente presenta dos problemas adicionales para el pensamiento tradicional. Primero, este saber se encuentra escondido, sus ideas son obscuras y representan "una enorme cantidad de análisis indivisibles"[56]. Y segundo, es espontáneo, instintivo, es conciencia casual que se mueve más rápidamente, incluso algunos creen que lo hace de forma más acertada, que la mente racional.

Las emociones y los sentimientos juegan un papel crucial en el proceso de decisión. Siempre hemos asumido que si conociéramos la información correcta, tomaríamos la decisión correcta, pero "un cerebro que no siente no puede decidirse[57].

Puesto que se trata de sentidos experimentados, provocan luz con su calor, revelación con su calidez y perspectiva con su inspiración en quienes previamente hemos conocido el sentido palpable, el toque perceptivo y el sentimiento profundo.

En otras palabras, este saber es encarnado. Esta percepción es corpórea. Estas prótesis escrutadoras son parte de nuestros sentidos. Estas extensiones cognitivas se encuentran en nuestros sentimientos. Y todas estas facultades carnales están "dotadas con intenciones y poderes de decisión"[58].

---

[56] Lehrer, (anterior).
[57] Lehrer, (anterior).
[58] Derrick de Kerckhove, *The Skin of Culture* (Toronto: Somerville House Publishing, 1995) p. 150.

Puesto en otras palabras, nuestra mente es "realmente sólo una poderosa máquina biológica."[59]

Siempre hemos tenido presente el hecho de que el sentimiento inspirado y el conocimiento intuitivo se requieren profundamente el uno al otro. Amy Lowell expresó: "Sea lo que sea (el conocimiento escondido), la emoción, capturada o escondida, es parte de él." Ya que "sólo la emoción puede excitar al subconsciente a actuar."[60]

En efecto, la música cinematográfica tiene un gran patio en el cual jugar.

Emoción e historia

Pocos se dan cuenta de que nos encontramos en medio de un momento increíble en la historia del saber. Para empezar, la civilización occidental siempre ha utilizado la ideología de los griegos y hebreos antiguos como fundamento para sus creencias principales. Olvidamos que estas dos culturas diferían determinantemente. Los hebreos, por ejemplo, aceptaban el "sentido experimentado", los griegos no.

Los griegos creían que las emociones eran signos de debilidad y tenían poco valor para el pensamiento correcto. En cambio, enfatizaban las "ideas" formales del pensamiento, los datos fríos del análisis, a partir de la formula, la teoría y la conjetura. En resumen, sus

---

[59] Lehrer, (anterior).
[60] Amy Lowell, *Poetry and Poets: Essays* (Cheshire, CT: Biblo-Moser, 1971) p. 25.

normas y su pensamiento constituían una filosofía sistemática.

Como resultado, el pensamiento griego era anti-misterio, anti-emoción y anti-sentimiento.

Los hebreos, por otra parte, construían sus vidas basándose en mucho más que ideas formales. La suya era una cultura oral donde la narrativa de la vida era una experiencia estética, donde la imaginación no literal, el sentimiento y el poder, requerían íntimamente uno del otro.

Su saber a menudo provenía de la crudeza de la vida misma.

En la cultura hebrea, las palabras emergían primero del cuerpo, del sentimiento visceral, de la pasión fervorizada y el sentido experimentado. Aunque se llenasen de enigma y paradoja, estas palabras se convirtieron en la fuente de su fortaleza.

Hoy en día, llamaríamos al pensamiento hebreo "desmenuzable", demasiado subjetivo. Pero ellos conocían el secreto. Discernían la diferencia entre las emociones de supervivencia biológica (llamados la "carne") y las emociones de la sabiduría estética (llamados el "espíritu").

De esta forma se sentaron las diferencias entre griegos y hebreos y comenzó la carrera por encontrar quién controlaría la civilización occidental.

El resultado de esta competencia se hizo patente cuando los griegos tomaron los sentidos experimentados de una cristiandad joven y vulnerable y los moldearon para crear sus ideas teológicas. En otras palabras, aportaron la retórica clásica para auxiliar a una nueva religión.

La cristiandad dio las gracias.

Como resultado, la mayoría concuerda que la cultura institucional de hoy en día es más griega que judeocristiana. De hecho, el alma de la civilización occidental puede ser llamada un alma griega. Nuestro ADN de conocimiento académico, por ejemplo, se funda en la idea formal y sistemática del conocimiento griego. A través de los siglos, la historia ha tomado tangentes ocasionales que apuntan al emocionalismo, pero hoy en día, instituciones respetables excluyen estrictamente la emoción del pensamiento crítico, y a menudo limitan la belleza a una belleza intelectual.

Pero el péndulo continúa meciéndose y es obvio que el cine lidera el camino.

¿Una nueva realidad?

La RV y las artes se encuentran en el proceso de romper la corteza del pensamiento formal al descubrir el significado más allá de los límites de lenguaje literal. Encuentran su poder en las ruinas de la racionalidad. Marcan un cambio de lógica hacia el sentido experimentado: de opinión informada a intuición inspirada, de lo literario a lo visionario. Mezclan lo científico y lo sensual, tecnología contacto e Internet con intimidad.

> Las tecnologías de comunicación anteriores han tendido a filtrar las señales utilizadas en la comunicación interpersonal, mientras la realidad virtual nos permite añadir, enfatizar, o mejorar las señales... "compartir emoción" con otros... mediante la alteración de la prominencia de las señales faciales, mediante la creación de asociaciones.[61]

Como resultado, se crea una nueva idea de lo que es real. "en el pasado la autenticidad tenía que ver con pruebas. Hoy en día, la autenticidad tiene que ver con el sentimiento"[62]. Las realidades se tornan verdaderas[63]
.

En otras palabras, la estructura misma del conocimiento está cambiando – no "qué" sabemos, sino "cómo" sabemos. "Nos encontramos mucho más abiertos a la idea de que el pensamiento no siempre es verbal y que algunos tipos de pensamiento son mejor ejercidos por recursos expresivos"[64]. Parecería que, "buscamos un hogar para mente y corazón"[65].

Como resultado, somos testigos del fin de una filosofía que simplemente piensa. El conocimiento permisible y el prohibido se están metiendo a la cama juntos. El

---

[61] Cline, 123.
[62] Phil Cooke, citado en *Book Notes de* David Mays, http://tinyurl.com/3tvqtau

[63] Cline, 224.
[64] Ryan, 60, 61.
[65] Heim, 85

pensamiento aceptable y el inaceptable se han vuelto amigos rápidamente.

¿Sentido experimentado o emociones instintivas?

Pero ¿qué tan confiables son estos sentimientos? Todos hemos tenido emociones que nos causan problemas. Todos hemos experimentado vanidades desenfrenadas e indulgencias de anhelos animales. Es obvio que muchas de nuestras emociones simplemente huelen mal.

Como las lógicas que datan de siglos lo hacen, los que viajen al mundo de la imaginación necesitarán nuevas formas de comprobar la verdad de estas nuevas "realidades". Nuevas formas de confirmar la validez de nuestras propias "valideces". En resumen, los líderes maduros de esta época deberán "encontrar puntos de acuerdo sobre condiciones de verificación"[66].

Se conocen pocos estudios que hablen sobre la diferencia entre "sentido experimentado" y nuestras emociones básicas - o instintivas. Tratar de distinguir entre unas y otras es como intentar reconocer a nuestros amigos y evitar a nuestros enemigos en una fiesta de máscaras. Es difícil, ¡pero necesario!

Es importante acreditar que las emociones naturales son una parte necesaria de la vida. Nuestras emociones ordinarias, sentimientos e instintos no son malos por sí

---

[66] Cline, 179.

mismos. Pero pueden ser perjudiciales. ¡Muy perjudiciales!

Discernir la diferencia

Comenzamos por preguntarnos, "¿cuál es la fuente de nuestros sentimientos? ¿que los instigó? ¿qué los afectó? ¿es una fuente creíble? ¿confiable? ¿vale la pena el riesgo de responder a la interacción e inmersión de la realidad virtual?"

Además, cada emoción tiene su propio "MO" (*modus operandi*) - justo como en una historia de detectives. Cada sentimiento revela su propia naturaleza, sus cualidades inherentes, sus patrones específicos, sus estilos distintivos y sus rasgos típicos. Estos rasgos, por sí mismos, a menudo revelarán qué es lo que nos llama la atención.

Los manipuladores se descubren en este momento.

El mejor "MO", revela "tamaño". Tu respuesta emocional a un evento ¿apunta a un mundo pequeño o grande? Tus reacciones ¿son estrechas o expansivas, superficiales o profundas? Tus sentimientos ¿se observan así mismos o más allá? ¿Se encuentran atrapados con limitaciones o abiertos a posibilidades?

Las emociones instintivas, por ejemplo, se atan al medio ambiente. Ciegamente siguen el temperamento del momento. Estos humores son momentáneos y pasajeros, dirigidos en una u otra dirección con cada soplo momentáneo en nuestras velas. A menudo estas emociones existen por el bien de sí mismas. Por supuesto, casi siempre nacen del egocentrismo - del auto interés, del egoísmo, de la auto preservación, el auto placer y la auto indulgencia ...

Como es de esperarse, estos humores vienen y van. Son temporales; no tienen valor que perdure. Como resultado, no dejan significado. Carecen de sentido.

El sentido experimentado, por otra parte, es más grande que la reacción instintiva. El sentido experimentado puede pintar una imagen más grande. Puede revelar una amplia plenitud. Puede remontarse con más certeza. Esta es la razón por la que lenguaje de la yuxtaposición es tan importante. En lugar de emociones simples, sencillas, intuitivas, una a la vez, la yuxtaposición requiere una multitud de sentimientos complejos e incluso opuestos.

Más importantemente, las yuxtaposiciones profundas sólo apuntan hacia afuera del poder al que hacen referencia. Una vez más cuando Dostoievski dijo, " la belleza salvará al mundo", no se refería a la belleza misma. Lo bello a menudo apunta a la oculta, pero poderosa verdad que puede (y ha) salvado al mundo.

Si la fuente y naturaleza de los sentimientos se rehúsa a mostrarte lo que necesitas saber, observa su fruto, el resultado final, el impacto final, la consecuencia eventual. Sean o no virtuales, las emociones en un evento de RV son emociones auténticas, los resultados finales de dichas emociones siempre revelarán la intención del evento original. En otras palabras, la semilla del evento finalmente produce su fruto.

La experiencia, ¿fue o no útil? ¿Fue constructiva o destructiva? ¿eres ahora víctima o vencedor? ¿fuiste ayudado o lastimado, dominado o impulsado?

Saber inspirado

En resumen, el sentido experimentado en la música cinematográfica requiere un nuevo tipo de saber. "Entenderemos" a través de nuestros sentimientos y esto nos revelará la sabiduría estética. Alfred Adler menciona, "la vida sucede en el nivel de los eventos no de las palabras". No es sorprendente que estamos aprendiendo a estar de acuerdo con él, puesto que hoy en día no encontramos renacimiento en la mera retórica. Ya no creemos que el significado provenga solamente de reacciones químicas en nuestro cerebro.

Este despertar histórico viene justo a tiempo. Con el creciente poder de la computación, el único poder que aún nos pertenece es la inspiración creativa de las yuxtaposiciones y el sentido experimentado que emana de ellas. Los sentidos experimentados del futuro otorgarán esperanza a quienes "deseen contemplar aquello que es verdadero, que es real, que es bueno y bello" [67].

Este momento histórico nos promete que la vida puede estar llena de asombro y aventura, que nuestras emociones, sentimientos y sentidos pueden proveer lecturas más fidedignas de la realidad. Por supuesto, siempre necesitaremos lógica áspera para salvarnos de

---

[67] Cline, 227

nosotros mismos, pero si nos arriesgamos en el viaje hacia el cine y la música cinematográfica, necesitaremos ser inspirados por nuestras emociones y tomar responsabilidad de ellas.

XI. YUXTAPOSICIONES DE HUMORES

Nuestra historia en tres humores

En la música, "humor" es la yuxtaposición más fácilmente reconocible de todas. Si tuviésemos que elegir una definición alternativa, como ejemplo podríamos enunciar: "la música es el conflicto dramático entre humores opuestos".

Tres humores básicos conforman la historia fundamental de la conciencia humana: 1. Lucha, 2. Esperanza, 3. Celebración. Los antiguos hebreos, por ejemplo, siempre recordaron: 1. Se encontraban en servicio de Egipto, 2. Escaparon y 3. Celebraban la salvación provista por su Dios. Los primeros cristianos vivieron una historia similar: 1. Existía oscuridad del mundo, 2. Jesús vino a traer la luz y 3. Triunfó sobre la oscuridad.

Desde entonces los servicios de adoración incluyen esta historia general: 1. Confesión, 2. Declaración y 3. Dedicación.

La experiencia que he acumulado al dirigir el repertorio estándar para orquesta revela la misma idea. La música que conforma el "repertorio viviente" - el cuerpo de obras aún representado hoy en día - lleva consigo el conflicto dramático entre estos tres humores.

Existen muchas variaciones de cada humor, pero el conflicto resultante simultáneo permanece. He aquí algunos ejemplos de las distintas variaciones humorísticas encontradas dentro de cada una de estas tres categorías. Esto me remite a los tres colores primarios que, al combinarse, crean todas las demás tonalidades.

I. **Lucha**: ansiedad, miedo, pánico, lo desconocido, incomodidad, misterio, obscuridad, inquietud, hostilidad, shock, urgencia...

II. **Esperanza:** declaración, seguridad, confianza, paz, amor, encantamiento, afecto, tranquilidad, ternura, promesa, armonía, fe...

III. **Celebración:** emoción, excitación, euforia, éxtasis, victoria, utopía, triunfo, logro, éxito...

Nótese que el primer grupo es principalmente negativo, el segundo es principalmente positivo y la última categoría es generalmente relativa al gozo, la exaltación y la alegría. La gran música se conforma por el conflicto dramático entre el grupo uno y los otros dos grupos. Con menos frecuencia, los momentos más profundos o extáticos se conforman de aquel que incluye los tres humores. En todos estos conflictos, el humor "vencedor" o dominante puede ser reemplazado rápidamente por uno correspondiente a una de las otras dos categorías.

Por supuesto, las obras que más perduran y que generan mayores lazos afectivos terminan con "celebración".

Belleza dolorosa

El conflicto entre los humores proviene de las yuxtaposiciones entre lo "conocido" y lo "desconocido". El segundo grupo contiene principalmente sonidos "conocidos"- fragmentos de melodía, armonía, ritmo que son familiares, tradicionales, "cercanos a casa". El primer grupo, contiene principalmente sonidos "desconocidos" - elementos musicales de carácter poco familiar, disruptivo, incluso extraterrestre. Más allá de estas diferencias generales, cambios menores en volumen, tempo y altura pueden crear distinciones sutiles dentro de cada categoría (las propias de la diferencia entre "miedo" y "pánico" por ejemplo).

¿Cómo es que la música crea tal multitud de respuestas universalmente precisas dentro de nosotros? Es suficiente el saber que lo hace.

Como mencionamos anteriormente, hemos escuchado estos humores en conflicto dentro del blues donde el intérprete usualmente canta el mismo tema: "me duele tanto, pero se siente tan bien". Seguro hemos visto el circo, donde el maquillaje y la mímica expresan hacia afuera el secreto pesar del payaso alegre.

Vemos la importancia de la yuxtaposición de humores, cuando la música se restringe a sólo un humor, por ejemplo "lucha" por sí misma, eventualmente se autodestruye. El público sólo puede aguantar cierta cantidad de obscuridad demoniaca y esperanza destruida. De igual forma, ingenua y alegre, la "esperanza" por sí misma - se vuelve vacía y superficial.

91

Podemos encontrar una abundancia de este fenómeno en los elevadores, supermercados y centros comerciales. Finalmente, la "celebración", sin razón por la cual celebrar, nos recuerda a las burbujas de la máquina del programa de Lawrence Welk. Todas ellas vacías.

Por otro lado, consideremos el poder y la belleza de los humores en conflicto presentados en el filme, *Avatar:*

Observe los humores dominantes de lucha en "The destruction of the home tree"," You don't dream in Cryo" y "Shutting down grace's lab". También podemos percibir, humores alentadores de esperanza y seguridad en "I see you" y "The bioluminescence of the night". Finalmente, volamos con los humores triunfales de celebración en "Jacob's first flight" y "Climbing up Inkimaya".

Tal vez, la mejor parte es donde experimentamos la rara combinación de los tres humores en "Gathering all the Na'vi clans for battle" y "War (part two)".

Cuando mi nieta, Sarah Joy, era joven, solía preguntar: "abuelo, ¿porque esta música tan bella es tan dolorosa?

Ahora lo sabemos.

RECORRIDO SUGERIDO

Avatar (2009) trata sobre un ex marino que es empujado hacia un conflicto en un planeta alienígena repleto de formas de vida exóticas. Como un avatar - una mente humana en un cuerpo alienígena - él vaga entre ambos mundos. El conflicto incluye una lucha desesperada por su propia existencia y la del pueblo nativo.

James Horner (1953-2015) compuso la música. Su música del filme Titanic, continúa siendo el soundtrack orquestal de mejor venta.

En los siguientes extractos musicales de la película, escriba el humor principal de cada selección. Utilice el número romano "I" para el humor de lucha, "II" para el humor de esperanza o seguridad y "III" para el humor de celebración. Si los humores cambian dentro de una selección, añada un guion entre ellos (por ejemplo, I-II-III). Si dos o más humores están combinados al mismo tiempo, sitúelos unidos mediante el uso de la diagonal (I/II o I/III) colocando primero el humor predominante.

"The destruction of home tree"

http://tinyurl.com/ocdojv6

"I see you"

http://tinyurl.com/97lhzsy

"Climbing up Inkimaya"

http://tinyurl.com/nr8wgrs

Música Cinematográfica

(Los extractos musicales a menudo son removidos del Internet y aparecen en sitios distintos. Sin embargo, extractos conocidos, como los mencionados anteriormente, usualmente se encuentran con una búsqueda sencilla).

XII. ¿"REALIDAD" O "ILUSIÓN"?

Tan pronto como entramos en el mundo del cine, comenzamos a derrumbar la pared que separa lo real de lo irreal. Una realidad comienza a desaparecer y otra se nos devela. En los mejores filmes y la mejor música cinematográfica, la experiencia se torna....

> ... indistinguible de lo real, al menos en términos del procesamiento perceptual y cognitivo[68]

En secciones anteriores de este texto, encontramos que las definiciones de arte y realidad virtual realizan el mismo proceso. Así que ahora utilizaremos nuestra experiencia en realidad virtual para reclamar un rol mucho más significativo para el cine y la música cinematográfica.

¿Otro mundo?

Aquellos que evitan los mundos de fantasía se quejan "la RV no posee ninguna realidad... No es real... No tiene pruebas de ser real". A estos cautelosos quejumbrosos y escépticos participantes les preguntamos, "¿Cómo sabemos que sabemos?". Ahora, ¿qué es virtual y qué es verificable?

---

[68] Cline, 154 (mi paréntesis)

Puede que al dejar la sala "volvamos a nuestros sentidos", pero por un instante fuimos sumergidos en una crisis interactiva de "saber". La mayoría admite que un filme ciertamente puede parecer real, que la experiencia a menudo se siente real. Después de todo, *"la experiencia misma es lo real"*[69]. Considere que nuestras emociones, sentimientos y sentidos se encuentran *conectados corpóreamente* al mundo virtual del cine y cuando eso sucede, este mundo adquiere una *realidad física*.

Nuestra inmersión en esta realidad alternativa es tanto sensible como seria. Es "un evento, en el sentido más fuerte de este término"[70]. Sus datos sensoriales proveen una experiencia natural sin distinciones del mundo real. Después de todo, ambos mundos son percibidos por los sentidos y ambos mundos se confirman a través del encuentro en primera persona.

En efecto, la ficción del cine a menudo es más poderosa que los hechos de la realidad. Si consideramos las tendencias, la industria fílmica seguramente seguirá a la tecnología hacia el venidero mundo virtual.

Actualmente, la realidad virtual es tan cercana que los video juegos pueden literalmente asustarnos, hacernos sentir nerviosos o causarnos emoción. Nuestra frecuencia cardiaca aumenta, nuestros niveles de adrenalina se elevan e incluso podemos llegar a sudar. Considere al piloto que estrella su nave en un simulador

---

[69] Cline, 224 (énfasis añadido)
[70] Ryan, 35-37

de vuelo. El sentimiento emocional y físico es tan fuerte que puede cambiar su vida para siempre.

Si eso no fuese lo suficientemente real, considere el dinero que va de mano en mano en los ambientes virtuales. En algunos lugares de Estados Unidos, por ejemplo, los bienes raíces virtuales son más caros que los reales.

Tenemos al Internet. Cuando nos encontramos inmersos en el ciberespacio, estamos conscientes de alcanzar el mundo a mayor velocidad y conocemos este fenómeno en tiempo real. Dinámica y espontánea, esta experiencia del tiempo se convierte en un triunfo sobre los límites de este. En el ciberespacio, también estamos conscientes de poder alcanzar el mundo lejano, lo entendemos como un ambiente que se estira a través del espacio. Permanentemente abierto y sin final, esta experiencia del espacio también se expresa como un triunfo sobre sus límites.

Podríamos describir la web como un cerebro humano global, donde el disparo simultáneo de millones de sinapsis conforma la conversación colectiva de una nueva cueva existencial, y las colaboraciones creativas de un nuevo consenso.

¿Qué tan verdadero debe de volverse este fenómeno antes de que lo llamemos realidad?

Una cosa es cierta, cada vez observamos menos y menos diferencia entre las experiencias reales y las virtuales. La juventud de hoy en día comparte la pasión por este hecho. Ellos dotan de forma a las realidades virtuales vitales, verdaderas realidades, hiper realidades - realidades más allá de las realidades. Los jóvenes, ya describen estas experiencias en tiempo real y vida real.

El resto de nosotros ha encontrado una fascinación con los nuevos medios y queremos más. Estamos cansados de la negra observación pasiva; queremos en su lugar, una mayor participación activa. Estamos hartos de mandarnos besos por el teléfono. Queremos besos reales.

Más allá de la subjetividad y la objetividad

¿Son estos sentimientos simplemente subjetivos? ¿Estamos moldeando una versión egocéntrica de la realidad a partir de nuestros impulsos, prejuicios y errores iniciales? Los participantes en la RV, a menudo comienzan su experiencia con escepticismo extremo y la terminan con extrema culpabilidad.

Ser humano - tener una personalidad, ser sí mismo – significa estar apartado de lo real, lo físico o del orden natural del mundo. Es la única forma en la que nos podemos convertir en sabedores, perceptores o creadores.

Sin embargo, la subjetividad no es nuestro problema, ya que el gran arte observa más allá del saber ordinario y de los límites del mundo fisiológico. Sienta la mirada más allá tanto de la subjetividad **como** de la objetividad. De la misma forma, mira más allá de las distorsiones de su propia cultura e incluso de las ilusiones de su propio arte.

Como hemos mencionado anteriormente, los antiguos griegos comprendían este hecho, lo llamaban *prosopon,* que significa "un rostro frente a otro". Las tensiones resultantes entre estos rostros opuestos apuntan a una tercera realidad, una otredad radical, que ellos llamaron *Geist, pneuma o* espíritu de la verdad[71] (si esto te recuerda la yuxtaposición entonces estás comprendiendo la idea).

La sabiduría antigua/futura aparece en el momento justo, la juventud de hoy en día demanda transparencia y aborrece el artificio obvio.

Lo significativamente real

Sea o no cierto que las historias del cine son sólo imaginarias, Mychilo Cline confirma, "la experiencia misma es lo que es real"[72]. La información sensorial provee veracidad al evento. Pero Philip Zhai añade otra perspectiva: "lo que importa en nuestras vidas no es sólo lo que es real a partir de la experiencia si no lo que es real a partir del significado"[73]. La vida, después de todo, es una red de eventos y relaciones significativas.

---

[71] John Panteleimon Manoussakis, *After God: Richard Kearney and the Religious Turn in Continental Philosophy, tercera edición* (Bronx, NY: Fordham University Press, 2006) p. 145.
[72] Cline, 224
[73] Zhai, 131, 132.

En otras palabras, experiencia y significado no dependen de lo físicamente real. La conciencia difiere esencialmente del orden natural del mundo, así como nuestra identidad personal no depende de la causa y efecto de la ciencia.

El mundo del tacto, sabor, olor, color y música; del amor y la amistad; de la esperanza y la envidia; del dinero y el poder... estas cosas no existen en el mundo de los átomos, sino dentro de nuestras mentes.[74]

Incluso, "la imagen vívida es más persuasiva que el argumento sonoro, la narrativa cautivante resulta más irresistible que la evidencia histórica"[75]: "creencias, deseos, metas, compromisos, amigos, familia, tradiciones, ambientes... son todas relaciones que no pueden ser ignoradas"[76].

¿Hemos estado equivocados al definir la realidad?

Un recurso inexhaustible

Si asumimos que la experiencia del arte es capaz de apuntar a un significado que ya no es imaginario, sino real, ¿qué tipo de significado podría emanar de esta experiencia? A continuación, nos aproximaremos a una versión.

---

[74] Cline, 209,210.

[75] James A. Herrick, *Scientific Mythologies: How Science and Science Fiction Forge New Religious Beliefs* (Downers Grove, IL: InterVarsitiy Press: p. 251)

[76] Ryan, 122

El significado es una conciencia poderosa y no ambigua que mira más allá de la subjetividad y la objetividad y que requiere, al mismo tiempo, la muerte de nuestro panorama limitado y nuestras ilusiones usuales. En el arte, por ejemplo, confrontamos a lo "finalmente real"[77] . Lo que percibimos de lo finalmente real siempre es una pequeña pero importante porción de un contexto exhaustivo, una red de relaciones

Significado, dentro del arte, es lo grande contenido en lo pequeño.[78]

Dentro de estos significados de múltiples capas, pareciera que jamás terminan las revelaciones. Siempre existe algo más para ser explorado. Nuestro viaje otorga una visión creciente del mismo objeto, aporta perspectivas distintas del todo dentro del todo.

"Es un recurso inexhaustible"[79]. Teóricamente, jamás llegaremos al fin en las posibles yuxtaposiciones ni de sus interpretaciones.

Esta teoría del significado difiere de las antiguas. El significado iluminado casi siempre ha sido producto de "palabras", no de experiencias sensoriales - los resultados del reportaje remoto, no de eventos personales - la aceptación de prueba externa, no de credibilidad interna. Incluso los gurús de la inteligencia artificial "sostienen que la conciencia no es más que

---

[77] Louis Dupré, *Symbols of the Sacred* (Grand Rapids: Eerdmans, 2000) p. 71.
[78] Zhai, 2.
[79] Ryan, 35-37.

inteligencia". Pero "la conciencia, de hecho, no es lo mismo que la inteligencia"[80]. Cuando necesito un amigo cercano, no voy a la computadora.

No obstante, existe un rol para el pensamiento crítico o inteligente y para la "sabiduría ganada a base de trabajo y las reglas perpetuas del pasado". Esta lógica juega un rol secundario a la "experiencia" del significado a la que nos confrontamos en las artes. Es después del shock provisto por el significado sin mediación y por la nueva realidad, que este reclama que nuestras facultades críticas verifican y confirman la integridad del evento.

¿Lo "real" imaginado?

Por supuesto que ayudaría ser un poco más honesto con relación a la realidad normal. He sugerido que lo imaginario puede ser real. Ahora, sugiero que lo real puede ser imaginado.

> Los físicos nos dicen que el universo es carente de color, olor, sonido o tacto ("nada es rojo o negro, suave o duro, etc., sólo el pensar lo hace de esta forma"). Por ejemplo, las diferentes frecuencias de la luz (ondas electromagnéticas de diferente longitud) son representadas dentro del cerebro como distintos colores. Pero los objetos no tienen color. El color no existe en el "mundo real".[81]

---

[80] Zhai, 121.
[81] Cline, 209, 210.

De igual forma, entre científicos es bien conocido el hecho de que lo que llamamos materia en realidad es espacio vacío. Alguna materia - como la materia oscura - no puede ser detectada, a pesar de que supuestamente compone el 95% del universo.

Considere la teoría de las cuerdas que divide la realidad no en cuatro sino en 11 dimensiones, 10 para el espacio y una para el tiempo. Recuerde que, en la teoría de la relatividad de Einstein, el espacio y el tiempo difieren decididamente de cómo los experimentamos.

Honestamente, ¿por qué no podemos admitir que la realidad normal es simplemente un juego de ilusiones en el cual estamos todos de acuerdo? ¿por qué no podemos admitir también, que tanto el mundo real como el imaginado son simplemente lo que de ellos percibimos? Si podemos admitirlo, considere qué tan alarmantemente cerca estamos de aceptar las realidades dentro del cine.

"Seguramente aparecerán fenómenos para soportar estos nuevos mundos dijo C.S. Lewis, al igual que "para nada quiero decir que estos nuevos fenómenos son ilusorios"[82].

Una fuerza autónoma

Presentaremos el argumento más extraño, por mucho, para explicar las realidades dentro del arte. *Los filmes son reales porque son puertas a la realidad.* Esa

---

[82] C. S. Lewis, Clyde Kilby, *A Mind Awake: An Anthology of C. S. Lewis* (Boston: Mariner Books, 2003) p. 237.

"realidad" es real porque es una *fuerza autónoma.* Considere este resumen de los comentarios de Marie Laure Ryan:

> [un filme] es una realidad autónoma con una naturaleza dinámica. Tiene una forma independiente de discurso que actúa como cuerda hacia una presencia sin intermediarios. Incluso, tiene el poder de desdoblarse en muchos mundos que son gobernados por la necesidad artística de sus propias reglas.[83]

En capítulos anteriores, precisamos la música cinematográfica y los distintos términos dentro de esta definición, incluyendo yuxtaposición. Finalmente, no podemos fijar, dominar o controlar el lenguaje que yace más allá de la música. Resulta que la música cinematográfica es sólo una puerta hacia otro lenguaje incluso más encubierto - la extraña zona entre medio y mensaje.

En un inicio, la música rompe las ataduras de lenguaje normal, pero al final, algo más rompe las ataduras de la música. En el principio, podemos participar creativamente, pero al final, adquiere su propia forma de ser.

En otras palabras, el poder de la música no es la música misma. Como en todo gran arte, apunta hacia afuera del poder al que indica. Anteriormente, discutimos

---

[83] Ryan, 13-15, 44-47, 50, 54-57, 90-94, 177186. (mis corchetes) .

cómo nuestra participación creativa en la música cinematográfica requiere un diálogo. Ahora preguntamos, "¿con quién entablamos ese diálogo?"

¿Cómo es que la otra parte del diálogo es "autónoma"?

Hay algo que actúa dentro de la música cinematográfica, no solo yace allí, descansando plácidamente en nuestra imaginación, no solo vaga por las regiones dormidas del subconsciente: es activa, se mueve. Tal vez esta sea la razón por la que Alfred Adler escribió, "confíe sólo en el movimiento. La vida sucede al nivel de los eventos, no de las palabras. Confíe en el movimiento."[84]

Esto se repite en todo el arte. No es nuestro ni por nosotros. No es el fruto de nuestras hazañas heroicas ni del genio de la voluntad propia. El gran arte manifiesta su propia presencia; evoluciona por sí mismo. Es por eso que la narrativa y la música no se someten totalmente a nuestro control.

Los novelistas mencionan que sus personajes tienen una vida propia, que no son fácilmente manipulados. Harriet Beecher Stowe escribió, "no podía controlar la historia; se escribió a sí misma"[85]. En otras palabras, el arte encuentra las tensiones y tendencias de una otredad - una necesidad que no puede ser ignorada.

---

[84] Alfred Adler, "Quotes by Alfred Adler" *Finest Quotes* http://tinyurl.com/3tbotwu
[85] Charles Edward Stowe, *The Life of Harriet Beecher Stowe* (Honolulu: University Press of the Pacific, 2004) p.79.

Confirmamos esto al observar una película. No estamos interesados en lo que los productores, escritores o técnicos piensan, sólo queremos saber lo que la historia nos dice.

No es una sorpresa, entonces, que el mensaje en las películas provenga de fuerzas irresistibles y opuestas. Nos atrae, mientras controla su propio mensaje. Nos atrae, mientras resiste las interpretaciones arbitrarias. Podemos participar con nuestra propia perspectiva, pero el mensaje casi nunca pierde su propósito.

La historia de una película, por ejemplo, no puede ser contradicha o desechada como una idea, es difícil que el narrador del relato gire completamente en otra dirección.

Como resultado, el poder del mensaje es confrontado antes que inventado. A menudo somos descubridores en lugar de creadores. A menudo, los artistas dicen, "no vino de mí... apareció del cielo azul... y me sorprendió completamente".

La máxima prueba de que es autónomo es su poder persuasivo. Dispara implosiones dentro de nosotros y arranca cada primer día del resto de nuestras vidas.

"Aquello que se desliza a través del rostro de lo desconocido toma las cualidades de lo incognoscible"[86]

---

[86] William Irwin Thompson, *The Time Falling Bodies Take To Light: Mythology, Sexuality and the Origins of Culture* (New York: St. Martin's Griffin, 1996).

En resumen, hay algo en la música cinematográfica que es más que imaginado. ¿Qué es y cuáles son sus implicaciones? La razón demanda respuestas y la siguiente respuesta puede no ser suficiente:

> Lo "natural" y lo "virtual" son o igualmente reales si anclamos nuestra noción en la realidad de la sensibilidad o igualmente ilusorios si preservamos la noción física de lo verdadero... Las realidades son internamente reales, no más no menos.[87]

¿Una nueva integridad?

Nuestras instituciones tradicionales no poseen las herramientas para comprobar o refutar las realidades del arte cinematográfico. Entonces ¿cómo aportamos integridad a este medio? ¿Cuáles son las condiciones para realizar una verificación? A continuación, nombramos cuatro caminos que pueden aportar una respuesta parcial.

Por cientos de años, nos hemos preguntado, ¿qué está detrás de la percepción? Nuestras muchas filosofías han indagado en, "¿qué es real?" y "¿qué podemos saber?" Las respuestas han permanecido frustrantemente ocultas. Sin embargo, la RV "probablemente nos apunte hacia nuevas ideas sobre la naturaleza del mundo absoluto"[88]. Así que nuestro primer camino puede ser el uso del mundo virtual como un laboratorio

---

[87] Zhai, 33-35.
[88] Cline, 170.

ideal "para examinar el sentido de la realidad, especialmente aquellas realidades escondidas"[89].

Segundo, necesitamos una nueva estructura para la realidad, ya que la que utilizamos actualmente necesita expansión. Hoy en día, la naturaleza de nuestro ser se está transformando. Como resultado, necesitamos nuevos marcos sensoriales que aporten coherencia y estabilidad a nuestras experiencias. Esto, en turno, traerá "un recentrar imaginativo... de las posibilidades alrededor del nuevo mundo **concreto**"[90].

Con una nueva estructura abierta, podemos entonces considerar un tercer camino que acentúe las versiones paralelas de la realidad: una interna y otra externa. Hoy en día, vemos una desconexión, incluso una falta de respeto, entre el mundo mecánico de la ciencia y el mundo interior de sentimiento. Tal vez la naturaleza que se descubre dentro del RV pueda situarse en un estado igual al de las leyes naturales. Tal vez, podamos encontrar una nueva alianza de mente y materia, sentimiento y hecho.

Finalmente, la RV posiblemente sobrepase la ciencia tradicional por completo y se una a la física avanzada en el descubrimiento de una realidad más allá de lo que consideramos verdadero. Una realidad aumentada. Una hiper realidad. Para finales del siglo, el nuevo mundo de la RV pueda tornarse más verdadero de lo que ahora llamamos realidad.

---

[89] Heim, 82
[90] Richard Gerrig, citado en Ryan, 15, 21.

En todas las posibilidades descritas, la RV pudiese redimir lo real; el cine encontrar un nuevo poder y propósito, y una nueva razón de ser.

Por supuesto, nada de esto sucederá si primero no comprendemos el mundo del cine y cómo participar en él. Dentro de sus yuxtaposiciones, por ejemplo, debemos discernir la diferencia entre metáfora muerta y metáfora viva - entre metáfora simple y metáfora significante - entre metáfora común y metáfora compleja - entre metáfora literaria y profética, entre metáfora de la conveniencia y la de la epifanía.

Reconoceremos estas diferencias más definitivamente cuando accedamos a una fuente independiente de la música cinematográfica misma - una fuente autónoma.

RECORRIDO SUGERIDO

Lawrence of Arabia trata de un colorido e incluso escandaloso militar inglés y su lealtad dividida durante la Primera Guerra Mundial en el medio oriente. La música del filme es excelente al crear un sentido de persona y lugar: un soldado inglés atrapado en los misterios de Arabia.

El soundtrack fue compuesto por el compositor francés, Maurice Jarre (1924-2009). A pesar de tener entrenamiento clásico, es mejor conocido por su música cinematográfica. Fue nominado a nueve premios de la academia y ganó tres en la categoría de mejor música original por su trabajo en *Lawrence of Arabia* (1962), *Dr. Zhivago* (1965) y *A passage to India* (1984).

Antes de responder las siguientes preguntas hagamos un repaso de nuestra definición de música cinematográfica:

"La música cinematográfica es el lenguaje intuitivo de la yuxtaposición. Mediante el uso del sonido, la participación en este lenguaje es inmersiva e interactiva y el resultado de esta experiencia es el sentido experimentado."

Escuche la música y comparta sus observaciones:

http://tinyurl.com/o8vkep7

1. Al escuchar esta música, ¿qué sonidos le parecen más llamativos? Una vez más, no hay

que tener entrenamiento musical para contestar. Sólo describa en sus propias palabras la naturaleza general de los sonidos que escucha. Simplemente primera impresión.

2. ¿Qué sonidos en particular recordará dentro de una semana?

3. Describa qué sonidos le gustan más. ¿Por qué?

4. Describa qué sonidos le gustan menos. ¿Por qué?

5. Si usted fuera el compositor, ¿qué instrumentos musicales o voces le añadiría? ¿qué tipo de sonidos musicales añadiría a los ya presentes?

6. Si fuera un compositor *avant-garde* que busca agregar material no musical, ¿qué sonidos no musicales agregaría?

7. Mientras toca la pieza, describa una imagen que la acompañe.

8. Complete los detalles de la imagen.

9. ¿Qué emociones están involucradas en la imagen?

10. Ponga un título a la imagen.

11. ¿Ha visto un evento similar a esto?

12. ¿Ha experimentado emociones parecidas? Describa.

13. Si esta música tuviera un "mensaje", ¿cómo contestaría usted?

XIII. ÉTICA DE LA ILUSIÓN

¿Infierno o paraíso?

Existe una advertencia en este país de las maravillas.

Para ser franco, el arte fílmico provee un mundo donde el engaño usualmente tiene un rol más grande que el discernimiento. Después de todo, "una realidad falsificada es indistinguible de la real"[91], esta es una de las definiciones de arte. Así que, con tal alucinación consensual[92], un filme puede dar marcha atrás a sí mismo, "revelando consecuencias involuntarias"[93].

En otras palabras, las futuras industrias del cine podrían tomar distintos caminos. Tenemos mucho que ganar o mucho que perder. El futuro está repleto tanto de "posibilidades emocionantes, como de visiones aterradoras"[94]. Seguramente podemos imaginar que "[un] viaje hacia cualquier destino fuera de nuestro mundo puede terminar tanto en el infierno como en el paraíso"[95].

Incluso antes del moderno mundo del cine, jamás tuvimos los pies en la tierra. Así que, conceder al

---

[91] Cline,
[92] Heim, 79, 80.
[93] Shane, 37, 38.
[94] Cline, 272.
[95] Ryan, 77, 80, 85.

mundo las sensaciones sin límite de la tecnología me sugiere a darle a un borracho una taza de café: el resultado es un borracho despierto. La historia revela numerosas narraciones de acciones que caen presa a subjetividades cuestionables, trivialidades, manipulaciones y engaños. Las modas de hoy en día, las emociones baratas, las formas vacías y las divergencias necias no son la excepción. ¡Lo que ha cambiado es nuestra constitución cerebral! Esta es la primera generación que crece con tecnología digital en su hogar desde el nacimiento. Para bien o para mal, esta es la primera generación configurada para una realidad alterna 24/ 7.

Detener a esta generación de la migración casi completa a los mundos virtuales es como querer detener un tsunami con sacos de arena.

Obviamente, estos jóvenes están fascinados con las "películas para llevar". Como polillas atraídas a las flamas[96], son seducidos, encantados, e incluso obsesionados por ellas, sus padres son igualmente crédulos. Comenzaron como mirones, pero terminaron abandonándose a sí mismos dentro de todos los increíbles productos electrónicos nuevos. Siempre han soñado con la utopía y ahora tienen comunidades online como *second life* donde disfrutan "apostar sin pérdidas, amor sin desamor, sexo sin exposición, (y) experiencia sin riesgo"[97].

---

[96] Heim, 85.
[97] Guest (anterior)

Tal vez todo esto sea más aceptable si comprendemos mejor qué es lo que sucede. Existe una amplia diferencia entre los filmes que saturan las vidas irreflexivas y aquellos que emergen del estilo de vida consciente. A pesar de todo, no sólo fallamos al entender cómo es que todo funciona, ni siquiera nos damos cuenta de que estamos atrapados.

Todo vale

Somos vulnerables. Numerosos trucos pueden manipular y engañarnos. Todo puede transformarse en un espejismo engañoso - una fantasía maliciosa - un paraíso seductor de tontos. El cine infundido de tecnología podría simplemente magnificar estas ilusiones; podría empoderar estos hechos ilusorios. Sólo porque algo "parece" no siempre es real.

Incluso, esta es la primera tecnología de la historia donde los niños y adolescentes tienen poder "de taquilla". Hablamos de "una tierra sin supervisión, sin fronteras ni dirección"[98]. Obviamente, la juventud de hoy en día no está programada para poseer tal poder.

En general, la civilización tampoco está preparada para este viaje, ya que el problema empeora en el contexto de la sociedad posmoderna. En el occidente posmoderno, todo es subjetivo. No existe la verdad universal, tradición, sentido o significado. Los significados son mudables, múltiples, fluidos y fluctuantes.

---

[98] Hipps, 135-137.

El resultado es que todo se vale, un mundo relajado con licencias desenfrenadas. Estamos "cada vez más perdidos en un mar de distintas opiniones y perspectivas"[99]. Nuestras realidades son constantemente empaquetadas en valores copiados y pegados, anarquías "en-tu-cara" y mundos amañados.

La mezcla del posmodernismo y el arte fílmico en la misma olla resulta en un estofado históricamente inestable. Cierto es que el posmodernismo ha descartado muchos de los argumentos antiguos y cansados que usualmente utilizábamos para mantenernos de pie, pero en el proceso, también se han desechado información valiosa y tradiciones.

No es sorprendente que ahora tengamos un hambre posmoderna de sabiduría. Estamos buscando desesperadamente lo verdadero dentro de la realidad. De hecho, no es suficiente ser real; se tiene que ser realmente real. Sospecho que eso es lo que está detrás de los deportes extremos.

Obviamente, necesitamos redescubrir las garantías, evidencias y pruebas de credibilidad, integridad y certeza. Necesitamos hacerlo, si es necesaria una razón, que sea por la cordura.

La audiencia del futuro

¿Quiénes son los gurús digitales de hoy en día, que se convertirán en los públicos de cine del futuro?

---

[99] Cline, 49-52.

Para bien o para mal, la mayoría son adictos inquietos, impulsados por:

> un impulso primitivo que tiende a responder a las oportunidades y amenazas inmediatas. Tal estímulo provoca emoción - un chorro de dopamina - que los investigadores apuntan a que puede ser adictivo. En su ausencia, la gente se siente aburrida... (estos investigadores) comparan la atracción de la estimulación digital a las drogas y al alcohol, a la comida y el sexo, que son esenciales pero contraproducentes en exceso[100].

Habíamos esperado que el mundo digital mejorara nuestras vidas antes que hacerlas escaparse. Pero muchos participantes son simplemente "navegantes agitados de la información trivial... chapoteando sin descanso en las playas sin profundidad"[101]. Sus vidas diarias se centran en "la transferencia de la información" - mientras más información, menos análisis, meditación y sabiduría resultante. Esta constante borrachera de información me recuerda al juego Trivia, donde una profusión de energía mental termina siendo basura.

---

[100] Matt Richtel, "Attached to Technology and Paying a Price" *New York Times,* Junio 6, 2010. http://tinyurl.com/38t2ot5 (mi paréntesis).
[101] Benjamin Wiker, "The St. Augustine Challenge" *ToTheSource* Enero http://tinyurl.com/3jrwa2y

Por supuesto, la velocidad salvaje y temeraria acompaña su navegado. Errático e impulsivo, el tiempo va pasando sin preocuparse del resultado. El premio se transforma en "emociones por el bien de las emociones" - siempre y cuando estás sean gratificadas inmediatamente.

Obviamente, algunos llevan la inmersión a los extremos. Existe una diferencia entre estar inmerso en otro mundo y estar perdido en él. Algunos se someten de forma temeraria - cuerpo, espíritu y alma - a una máquina. Pierden la atención. Se tornan totalmente consumidos. Se vuelven zombis. Incluso los ingenieros del tren, pilotos de avión y chóferes comerciales han sido hipnotizados por sus pantallas - durante el trabajo - y han causado accidentes masivos.

Estar perdido o consumido significa que la gente desatiende el mundo real. Ya no puede responder completamente a los momentos normales. Existen habitualmente en todo lugar menos en el mundo físico. Son incapaces de encontrar significado en la vida off line que los rodea.

En otras palabras, son nómadas, vagando sin un hogar. ¿es ese su plan?

> La nueva mitología de la tecnología nos sugiere que la naturaleza ya no importa. Incluso podemos mencionar a la era trans humana o post humana en la cual, la gente será mejorada y optimizada por la tecnología... (estas descripciones) inmediatamente nos recuerdan a

imágenes de Blade Runner, Mad Max o The Road de Cormac McCarthy: una distopía despojada de naturaleza[102].

¿Debemos recordar el poder restaurativo de la naturaleza, la familia y los amigos? ¿Debemos admitir que hay algo profundamente humano en conectar hondamente con nuestro ambiente y con los demás?

A pesar de todo, incluso cuando lo intentan, es casi imposible para la mayoría de los vagabundos digitales realizar estas conexiones básicas.

Serafín y serpiente

La desconexión de las relaciones básicas personales plantea un problema serio, ya que existen cosas malas ahí afuera. En el mundo virtual, serafín y serpiente viven lado a lado. No hay reglas, no hay salvaguardias. Cada uno es para sí mismo.

En otras palabras, hay un lado oscuro para el arte basado en tecnología:

> ... incluso existen criminales online que plagan los mundos imaginarios, desde ciber mafiosos y prostitutas hasta verdaderos hackers y terroristas. Parece que uno no puede escaparse de la avaricia, la corrupción y la debilidad

---

[102] Richard Louv, autor de *The Nature Principle,* en entrevista para *ToTheSource* http://tinyurl.com/3wzcqy2

humana incluso dentro de la pantalla de la computadora.[103]

Francamente, el resto de nosotros somos menos virtuosos de lo que imaginamos. El bullying, por ejemplo, continúa siendo común y se ha descontrolado. Incluso más ominoso, el comportamiento online fácilmente puede influenciar al comportamiento offline. "A la larga, uno puede esperar ver la descompostura de las prácticas del mundo real y de las instituciones... si las naciones estado son incapaces de mantener fronteras, regular comercio y hacer valer las leyes, es probable que resulte una convulsión social y económica"[104].

Algunos gurús diseñan arte con el intento gustoso de mentir. Unen enorme habilidad con carácter dudoso. Estos gurús falsos y destructivos operan al nivel del artificio más que del arte.

Alarmantemente, de la misma forma, existen cuestiones de salud. Algunos ambientes son seriamente patológicos. Muchos participantes, por ejemplo, creen que si una experiencia es lo suficientemente loca, lo suficientemente sin sentido, deben de estarse divirtiendo. Así que se tornan intrigados y atraídos a cualquier cosa salvaje y fantástica. Cualquier cosa extraña seguramente es signo de aventura. A estas alturas, no obstante, pueden tener un efecto de erosión

---

[103] Guest, (anterior).
[104] Cline, 3, 226-228.

en la personalidad y pueden resultar en perspectivas absolutamente deformadas.

En algún punto estas realidades enfermas pueden hincharse a proporciones incontrolables y parece no haber escape a los monstruos que ahí yacen. Entonces, Marie Ryan menciona, "ellos entran a tu ser, o más bien tú entras al suyo"[105].

El juego de roles – tan típico del mundo digital – también contribuye a la pérdida de la identidad. "Propone una cuestión que va hacia el corazón de la fantasía, es decir: ¿qué nos dice a nosotros mismos el impulso instintivo de ser alguien más?" [106].

Además de los participantes "poseídos" mencionados anteriormente, ¿cuántos navegantes simplemente se consumen, naufragan? La era de la economía de redes, de los husos horarios borrosos, aplica enorme presión sobre el individuo... se hace difícil apagar el día, recuperarse y relajarse cuando el día mismo nunca se apaga". Cuantos están "consumidos por demasiados videos, demasiada pornografía, demasiados juegos online, demasiadas conversaciones... y finalmente, sólo demasiadas... experiencias?"[107].

---

[105] Ryan 77, 80, 85.

[106] Ethan Gilsdorf, *Fantasy Freaks and Gaming Geeks: An Epic Quest for Reality Among Role Players, Online Gamers, and Other Dwellers of Imaginary Realms*, Reseña en la descripción del producto: http://tinyurl.com/3quumxf

El borde del precipicio

Increíblemente, amenazas aún más oscuras esperan en el futuro del cine.

> Cada nuevo poder alcanzado por el hombre, también es un poder sobre él. La esencia humana será la última parte de la naturaleza que se le rinda ... Una vez que hayamos tratado a la sustancia humana como plastilina y nos transformemos en el escultor, no habrá límite para lo que podamos lograr.[108]

Por ejemplo, los futuristas planean utilizar la realidad virtual para realizar ingeniería social[109]. Intentarán aplicar este poder para moldear el comportamiento humano y castigar la mala conducta. Justo como en *Un mundo ideal* de Aldous Huxley. Todos seremos transformados en esclavos alegres a través de la ciencia aplicada. Este tipo de ingeniería social seguramente será "más esclavizante que liberadora, si es controlada por una autoridad estatal hambrienta de poder[110].

Por supuesto, los cineastas aún no han llegado este punto, pero ¿por qué no lo harían?

---

[107] Tom Hayes, *Jump Point: How Network Culture is Revolutionizing Business* (Columbus, OH: McGraw-Hill, 2008) pp. 101, 183.

[108] C.S. Lewis en *The Abolition of Man* (New York: HarperCollins, 2001).

[109] Cline, 228.

[110] Zhai, 123, 124.

Algunas otras preocupaciones nacen de las posibilidades emergentes de la tecnología fílmica y su rol en nuestras vidas. Mientras las nuevas tecnologías redefinen peligrosamente lo que significa ser un humano, nuestra ética fundamental también se encuentra bajo ataque. Después de todo, solemos transformarnos en lo que observamos.

> "[el futuro es] como un caballo asustado que comienza a galopar hacia el precipicio, quiere detenerse, pero sabe que no puede hacerlo"[111]

Defensa personal

En un mundo sin ética, ¿qué haremos? ¿Cómo nos protegeremos? ¿Qué pasará con nuestra salud mental en estas circunstancias?

Para empezar, solemos afianzar nuestro ser antes de dejar lo físico o el mundo conocido. Eso incluye la disciplina interna, la voluntad fortalecida, un sistema de creencias informado y la inclusión en una comunidad. Un ser fortalecido, implica una estructura que nos rodea con aquellos que son de confianza, gente que nos ama, aquellos que se sienten responsables de nosotros.

Obviamente, también debemos conocer y entender los poderes de la experiencia virtual.

Entonces, *tú decides* cuándo y cómo entrar a este mundo alternativo. *Tú eliges* la frecuencia de tus experiencias y la duración de estas. *Tú seleccionas* lo

---

[111] Ryan, 77, 80, 85.

que entra en tus oídos y ojos. En resumen, toma la iniciativa de simplemente ejercitar la libertad determinada por tu elección.

Los artistas, por ejemplo, se volverían locos sin límites predeterminados. Un compositor necesita conocer los instrumentos, las voces, la tonalidad, la longitud, el propósito y demás, antes de empezar a componer. Todos los artistas - tarde o temprano - necesitan conocer los parámetros con los que trabajarán.

Finalmente, antes de comenzar tu viaje, es bueno estar descansado y pedirle a un amigo que nos haga responsables de nuestras propias decisiones.

Autoevaluación

Por supuesto, los participantes ya deben estar viviendo estilos de vida conscientes antes del viaje virtual. Durante la experiencia misma, es importante que los participantes estén especialmente conscientes, especialmente despiertos. Esta conciencia es como verse a sí mismo mientras se observa. Como la conciencia de la conciencia. Como estar viendo desde afuera hacia adentro. En otras palabras, nos situamos en una perspectiva y reflexionamos sobre algo completamente externo a nosotros. En lugar de sentir sin observar, observamos mientras sentimos.

Mediante el uso de esta constante autoevaluación, podemos mantener la perspectiva, mientras nos recordamos continuamente, el medio en el que nos encontramos.

Nos mantenemos en control. Una saludable dosis de escepticismo vivo y activo dentro de nuestras facultades críticas, es una herramienta especialmente importante. Nos convertimos en temerarios conservadores, profetas cautelosos. Después de todo, las respuestas pueden ser voluntarias o involuntarias. Nosotros decidimos.

Sí, la inmersión es parte de la experiencia, pero decidimos estar inmersos sin ser este nuestro hogar, sin perdernos, sin ser consumidos o hundirnos en profundidades. Podemos estar inmersos de forma segura y apreciar el viaje.

Este tipo de inmersión es como la actividad de la actriz que ejecuta un rol de villana mientras sabe que no empatiza con el personaje que interpreta. Simplemente se mantiene observando de afuera hacia adentro. También recuerda a la historia de Coronado - el primer europeo que exploró las tierras del suroeste de Estados Unidos. Caminó por planicies de altos pastizales donde no percibía árboles o marcas geográficas con las cuales ubicarse. Los hombres de Coronado estaban tan asustados, que marcaban el campo con una estaca a cada tramo, para encontrar el camino de regreso. Esa tierra aún lleva el nombre de Llano estacado.

Así que, en resumen, ¡manténganse despiertos! De otra forma nos transformamos en marionetas.

Discernir a los porteros

Los filmes son "proactivos" - actúan en nosotros - así que nuestra conciencia también debe ser proactiva - incluso más de lo que hemos sugerido hasta este momento. Buscamos signos de una agenda escondida de forma activa. Discernimos diferencias entre lo que ayuda y lo que hiere también de forma activa. La experiencia virtual nunca aparece de la nada. Siempre se presenta junto con descubrimiento o destrucción.

Así que nos convertimos en porteros. No permitimos que cualquier cosa pase por el pórtico de nuestros ojos y oídos. Y ciertamente no deberíamos tolerar a los colados. De forma activa observamos y buscamos los signos de advertencia.

Los magnates del cine buscan poder y fortuna a expensas del participante. Así que debemos buscar astutos planes y formas de engañar o burlarnos. Por ejemplo, diseñan mundos auto reflexivos que a sus clientes les parezcan más creíbles, quienes voluntariamente pagan para observar esta sala de espejos. Un buen director "manipulará a su audiencia"[112]

Por supuesto, las experiencias negativas y destructivas son fácilmente discernibles. No hay nada de malo en el drama sucedido entre las fuerzas de la "luz" y la "oscuridad". Esa historia ha sido reproducida desde el inicio de las historias. Cuando el drama comienza en una caída libre y termina en caos total, nacen preguntas

---

[112]   *Francis Sonne, "Readings in Drama"* http://tinyurl.com/3rrt2zk

sobre su utilidad y propósito para el participante individual.

Los filmes marcados por el pesimismo, fatalismo y la amenaza habitan en su propio género. A menudo permanecemos inconscientes y nos insertamos en la sociedad que buscamos evitar. Al manejar mi auto el radio sintoniza lo que considero música "irredimible", permanezco sentado hasta que recuerdo "Un momento. Esto no es un concierto. Tengo elección (click)".

De naturaleza más seria, debemos observar constantemente si existe una pérdida de identidad o de control. Cuando nos olvidamos de nosotros mismos, quiénes somos y dónde estamos, podemos hundirnos en profundidades. Debemos tener especial cuidado con el "juego de roles" - vivir la fantasía de ser alguien más.

Típicamente no somos capaces de observar si la historia apunta a sí misma. Nos gusta decir, "el medio es el mensaje". Pero en la experiencia virtual, esto no es cierto. De hecho, tan a menudo confundimos el medio con el mensaje como confundimos la ostra y la perla. Por ejemplo, consumimos la última novedad, moda, estilo, sabor o decoración y pensamos, "eso fue divertido" (sin mensaje, sólo medio divertido). O admiramos el trabajo de escritores habilidosos con su colorido idioma, retórica florida y uso perspicaz del lenguaje figurado y pensamos "brillante... los críticos lo amaran" (sin mensaje, solamente habilidosa retórica).

Es esencial recordar que el significado de una experiencia virtual profunda se realiza *a través* de la experiencia, no *en* la experiencia. Su significado excede su medio; su propósito sobrepasa su apariencia. Se mueve hacia afuera de sí mismo, apunta más allá de sí mismo, habla aparte de sí mismo. En nuestro discernimiento, debemos evitar confundir el medio y el mensaje. Debemos apartarnos de la experiencia interesante que sólo se enaltece a sí misma.

Cercanamente relacionadas a este discernimiento están las emociones. Algunos sentimientos y sentidos son simplemente emociones a flor de piel - naturales, animalescos, mientras algunos representan lo que hemos llamado sentido experimentado. Como porteros, separamos lo superficial de lo profundo, lo valioso de lo inútil.

Regresar a casa

Finalmente, evitamos permanecer durante demasiado tiempo en esta realidad alternativa. El drama de la historia y su música deben ser tratados como una inmersión temporal. No es su intención ser una adicción. Después de todo, la mejor protección de la experiencia virtual es el seguro regreso a casa - el retorno al mundo absoluto.

Para permitir este regreso, forzamos la yuxtaposición final: nombramos el evento. Sin importar el título del filme, le damos nuestro propio título. Hacemos a un lado todo este misterio, vaguedad y duda y valientemente nombramos su identidad. Una vez que lo hacemos, pierde poder sobre nosotros. De hecho, hemos triunfado sobre ello.

Una vez que hemos partido, llegamos a nuestras conclusiones sobre lo que el viaje significó y el contenido del último mensaje. Y una vez más, diferenciamos entre qué llevar con nosotros y qué dejar atrás. ¿Resultó útil? ¿Resultó relevante? ¿Aportará nuevas y útiles relaciones?

De regreso casa, reconectamos con nosotros mismos, con los demás y con el mundo natural. Tal vez pasemos algo de tiempo solos, escribamos en el diario o disfrutemos de un hobby. Tal vez llamemos a nuestros amigos, visitemos a los que amamos o nutramos nuestras relaciones con la comunidad. Tal vez, vayamos a caminar, cortemos el césped, juguemos tenis. Es importante que mantengamos las raíces de nuestra vida nutridas con atención.

La llamada histórica

El discernimiento - la selección entre lo correcto y lo incorrecto, lo útil y lo inútil - ha permanecido constante durante la historia. La historicidad de la experiencia humana ha sido nuestro faro durante siglos. En toda era, reafirmamos esos valores profundamente enraizados, permanentes y perpetuos y dentro de esos valores redescubrimos la honestidad, el honor, la integridad, la credibilidad y la certeza.

La antigua cultura hebrea conoció y vivió experiencias virtuales - probablemente más que cualquier otra. Su cultura, por ejemplo, esperaba que sus ciudadanos "examinaran su espíritu"[113]. Esos profetas hebreos quienes vivían en esta frontera sabían qué tan lejos podían llegar. Su cultura y tradición no permitía a los disidentes[114]. Más tarde, los santos cristianos advirtieron a los creyentes de los peligros de la búsqueda del éxtasis por el éxtasis mismo.

Aristóteles, en la antigua cultura griega, enseñaba sobre el ideal llamado *eudaimonia* o "florecimiento humano" - la ética de la vida correcta. Esto no tenía que ver con indoctrinarse, enriquecerse o con nuestro egoísmo inherente, se enfocaba en un compromiso más profundo con la vida, los más grandes sentimientos de bienestar, las contribuciones a la comunidad, las relaciones cercanas y la búsqueda de las aspiraciones personales. Hacía énfasis en las responsabilidades de las instituciones sociales - ¡como la industria del cine! - quienes deberían proteger y hacer perdurar estos ideales[115].

Tal sabiduría es paralela a las sugerencias de este capítulo.

De esta forma, percibimos la necesidad de nuevos exámenes para las nuevas formas de antiguos problemas. Necesitamos volver a enmarcar la misma

---

[113] John 4:1 *The New Testament.*
[114] Robert R. Wilson, "Prophecy: Biblical Prophecy," *The Encyclopedia of Religion*, 1987 ed., XII, 17, 19.
[115] Karen McCally, "Seeking *eudaimonia*" *Rochester Review,* Marzo-Abril, 2014, pp 32-37.

ética antigua, mientras consideramos que, aunque sea antigua, esta misma ética es apropiada para nuestro mundo. Especialmente para la experiencia virtual, necesitamos "ética del diseño".

> Idealmente... extender los derechos humanos básicos al espacio virtual, promover la libertad, el bienestar y la estabilidad humanos... (es necesario para la experiencia virtual) algún tipo de ambiente mediado tecnológicamente - en el cual la gente sea libre de perseguir sus intereses individuales, sin miedo al daño... a la invasión de la privacidad... que ejemplifique la interrelación humana y la responsabilidad... con un sentido madurado de lo correcto y lo incorrecto[116].

Recientemente han emergido dilemas éticos dentro de las ilusiones de la realidad que incluyen el rol del estado, la violación virtual, la relación entre las dimensiones ética y legal y otras implicaciones".[117] Sin embargo, la realidad virtual es "la primera tecnología intelectual que permite el uso activo del cuerpo en la búsqueda del conocimiento"[118] así que, hacer declaraciones morales, será complicado sino imposible.

---

[116] Cline, 169, 262
[117] Charles Wankel (Editor), Shaun Malleck (Editor), *Emerging Ethical Issues of Life in Virtual Worlds* (PB) (Research in Management Education and Development) (Charlotte, NC: Information Age Publishing, 2009) [descripción de producto] http://tinyurl.com/4yfyq4b
[118] Heim, pp. vii, viii.

¿Quién determinará esta ética y hará valer dichas leyes? ¿O será este un nuevo "Viejo oeste"? Si ese fuera el caso, ¿quién llevará las riendas de todos estos caballos salvajes?

En otras palabras, ¿en quién podemos confiar? ¿Será en los ñoños, los expertos en tecnología? ¿Serán las penetrantes ciber almas que sostienen el mundo por la cola? ¿Serán los magnates del cine quienes han perfeccionado el arte técnico de la ilusión? ¿Será la tecnología misma? Parece que no." La tecnología permanece incapaz de reparar su propia naturaleza defectuosa, mucho menos la nuestra. Después de todo, nuestras naturalezas conspiradoras han esparcido el conflicto, la enfermedad, la disparidad económica y el aislamiento para el cual buscamos remedios tecnológicos"[119].

No obstante, esperemos tener la humildad, coraje y fuerza para responder este llamado histórico.

Los fantasmas de las tecnologías futuras

Este llamado, no es el llamado de una idea. No es una petición de la creación de una filosofía abstracta. Sí, la experiencia virtual "cambiará la forma en que los filósofos contestan las preguntas fundamentales de ética, epistemología y metafísica"[120]. Pero este es un problema *real*; es aquí donde el caucho se encuentra

[119] Kevin Kelly, *What Technology Wants*, publicado en *Collide Magazine* https://tinyurl.com/yc2tbjp9

[120] Cline, 155.

con la carretera. Después de todo, la filosofía moderna raramente ha resuelto problemas del mundo real.

Tenemos mucho en juego. La experiencia virtual tiene una interfaz y esa interfaz requiere que nos involucremos *aplicada* - inmediata y realmente, ya que "suposiciones fundamentales sobre el conocimiento, la ética y lo que significa ser humano están siendo radicalmente deconstruidas y reconstruidas"[121].

A través de la historia, cada nueva tecnología ha creado más problemas de los que soluciona. El torpedo, el globo aerostático, el gas venenoso, las minas terrestres, los misiles y las armas láser todos prometían traernos la paz[122]. ¿Es la realidad virtual otra promesa falsa? ¿será...

> ... un accidente de realidad virtual la aniquilación o colapso del ciberespacio... diseñado por nuestros falibles compañeros seres humanos?... ¿nuestra propia mala conducta?... ¿un error en el software? Cualquiera puede dirigir una tremenda cantidad de energía para cualquier propósito en un milisegundo.[123]

Las cosas que vemos hoy en día son sólo los fantasmas de las tecnologías venideras, la industria del cine de hoy

---

[121] Hipps, Shane, Flickering Pixels: How Technology Shapes Your Faith (Grand Rapids, MI: Zondervan, 2009) Reseña de producto. http://tinyurl.com/cm8y45
[122] Kelly (anterior).
[123] Zhai, 155, 156 (puntuación añadida).

en día es sólo un esbozo de un nuevo medio en su infancia. El futuro parece a albergar posibilidades imposibles, pero el peligro es real.

RECORRIDO SUGERIDO

Las aventuras de Robin Hood (1938) es un filme americano, con música de Erich Korngold. La historia concierne a un caballero sajón que, como el líder forajido de un ejército rebelde, lucha contra el príncipe Juan y los señores normandos que oprimen al pueblo sajón.

Korngold (1897-1957) es considerado uno de los fundadores de la música cinematográfica. Su premio de la academia por su trabajo en *Las aventuras de Robin Hood,* marcó la primera vez que un Oscar se entregó al compositor en lugar de al jefe del departamento musical del estudio.

En la siguiente selección de la música de *las aventuras de Robin Hood*, se puede imaginar fácilmente las famosas peleas a espada de Errol Flynn. Observe cómo la música claramente transmite cuándo Flynn está perdiendo o ganando. Finalmente, por supuesto, podemos escuchar la victoria del bien sobre el mal.

Este extracto es llamado "la batalla - el duelo – la victoria". Describa en sus propias palabras cómo los sonidos musicales retratan a Flynn mientras pierde, gana y los puntos intermedios. La música se encuentra alrededor de 11 minutos empezado este enlace. http://tinyurl.com/phn32rw

XIV. ATURDIDO HASTA LA INCREDULIDAD

Realidad Virtual y cine

El futuro de nuestro mundo intercepta con el futuro de la realidad virtual[124], ¡incluido el cine y la música cinematográfica! Ya podemos observar cómo la presencia ubicua de la realidad virtual representa uno de los grandes logros de nuestra era. Al observar hacia adelante, algunas veces recuerdo el título del filme *En un día claro se ve hasta siempre*.

Hoy en día, podemos ver ramificaciones históricas de la realidad virtual de forma inmediata e inesperada. La RV está tomando la vida propia y ya se ha transformado en el centro de la actividad social, económica y artística. Efectivamente, está construyendo un nuevo orden cultural. Mientras tanto, nuestros conocimientos e incógnitas están cruzando sus caminos de formas nuevas y emocionantes.

Algunos observadores se sienten terriblemente fuera de lugar. Han sido arrastrados al futuro mientras gritan y patalean, no pueden reconciliar el mundo mecánico de la ciencia y el mundo interior del sentimiento - el pensamiento crítico y la revelación cruda - el análisis

---

[124] Cline, 272

estudioso y la fantasía seria - la cognición y la pasión - la razón y la reflexión - la gestión y la memoria ...

Resulta poco útil para su malestar que más de 2000 años de preguntas filosóficas permanezcan sin respuesta, y con la RV, su malestar solo aumenta. Es un hecho que la gente ya no vive de las doctrinas filosóficas - vive la RV. Ya no encuentra renovación en la retórica - la encuentra en la RV.

Y la RV a menudo es el cine.

¿Una nueva realidad?

Una cosa es cierta: la realidad virtual promete "transformar, redimir nuestra conciencia de la realidad"[125] . A pesar de no ser la realidad misma, la realidad virtual podría convertirse en el medio más profundo de esta. Ofrece, por ejemplo, un nuevo laboratorio o lente a través del cual podemos entender más fácilmente la realidad y comprenderla en un nivel más auténtico y profundo.

Por siglos, la civilización ha soportado las mismas eternas preguntas: "¿Qué es real? ¿Quién soy con relación a lo que es real? ¿Qué puedo saber?" En una época donde la realidad virtual está cambiando el mundo como lo conocemos y mientras cambia nuestra relación con esa misma existencia, podemos esperar conocer, por primera vez, las respuestas a esas preguntas.

---

[125] Ryan, 65.

La realidad virtual puede convertirse en el puente más profundo entre un reino y otro - el medio más insondable entre el mundo del observador y algo que "no está allí" - y el mensajero más inmediato entre la verdadera paradoja. De nuevo,

> ... toda la verdad existencial es paradójica ... (y) el lenguaje la revelación... (es) la paradoja absoluta[126]

¿Un nuevo arte?

Por supuesto, la realidad virtual es el "lenguaje de la revelación". Pero también es "Santo grial de la búsqueda artística"[127]. En otras palabras, es la única esperanza para las artes. El arte libera el poder creativo de la RV para que, al final de todo, el proceso creativo tome uno de los roles principales en esta.[128]

La realidad virtual provee "posibilidades ilimitadas para las interfases creativas"[129]. Después de todo crea nuevos mundos, transforma la realidad que proclama incluso mientras la proclama. Se convierte en el mundo que anuncia mientras lo anuncia. Hoy en día no podemos decir que simplemente sucede en la historia, es la historia. No se limita a predecir el futuro, engendra el futuro.

---

[126] Søren Kierkegaard, citado en Dupré, p. 58.

[127] Michael Heim, citado en Ryan, 65.

[128] Ryan, 35-37.

[129] Zhai, 156.

La realidad virtual podría ser la respuesta profética a la historia. Aunque a menudo lo olvidemos, nuestra herencia nos informa que el dios de la civilización occidental es el gran creador, no el gran imitador ni el gran espectador. De acuerdo con los antiguos hebreos Dios siempre crea algo nuevo. Esto significa que el verdadero universo es el que se está creando en el momento. No es tanto una creación sino algo que se está creando.

Dentro de la misma herencia, estamos hechos a la imagen de Dios. En otras palabras, nuestra intención es ser creadores - creadores colaborativos del futuro.

"La RV libera el poder creativo del usuario"[130]. "Nos permite ser creativos de una forma sin precedentes"[131]. En otras palabras, somos co-creadores con la RV, colaboradores inspirados. Nosotros también convocamos mundos, creamos el futuro y vivimos en el reino del "aún no". Realizamos este proceso a través de la yuxtaposición – el lenguaje de la creatividad. La yuxtaposición provee el ciclo de realimentación inspirado y sin fin, entre nosotros y el "no nosotros".

> Cuán significativa sea nuestra vida dependerá de … [si] la creatividad y el propósito son la fuente del significado[132]

La creatividad inspirada podría mostrarse como nuestra única esperanza, nuestra única ventaja en un mundo

---

[130] Ryan, 65.
[131] Zhai, 158.
[132] Zhai, 127, 128.

futurista manejado por la inteligencia computarizada. Hay algo que las máquinas no pueden hacer. No pueden inspirarse.

Desafortunadamente, la noción de la creatividad inspirada es casi una idea perdida en la modernidad. A menudo aceptamos que sólo las personas inspiradas pueden crear. A menudo aceptamos que los eventos creativos suceden sólo en ciertos momentos y espacios. La RV, sin embargo, puede ser un afortunado evento histórico que rompa con estos conceptos erróneos. Después de todo, la RV nos abre al futuro.

Posibilidades impensables

Los avances de hoy en día representan sólo porciones pequeñas de algo que ha permanecido principalmente escondido. Sin duda, el futuro podría desorientarnos seriamente - incluso asustarnos. El largo rango de implicaciones de la tecnología siempre cambiante, siempre acelerado, seguramente alterará el curso de nuestras vidas. Ray Kurzweil escribe:

> Para el final de esta década, contaremos con la inmersión total en ambientes audiovisuales habitados por humanos virtuales, que parecieran reales. Para la década del 2030, la realidad virtual será completamente verdadera e irresistible, y pasaremos la mayoría del tiempo en estos entornos. Para la década del 2040, incluso la gente de origen biológico posiblemente realice la mayor parte de su

proceso pensante en sustratos no biológicos. Todos nos convertiremos en humanos virtuales.[133]

Un nuevo mundo físico también es posible. "con el suficiente poder computacional, podemos construir todas las leyes conocidas de la naturaleza y/o aquellas creadas por nosotros, dentro del software... (no es) imposible en principio... (los programas podrían crear) un sentido de fiscalidad, a pesar de que ellos sigan un nuevo juego de reglas"[134]. En otras palabras, la RV podría convertirse en un hábitat completo para la mente y el cuerpo.

En efecto,

> Un grupo de ingenieros japoneses osaron imaginar una computadora tan poderosa que pudiera mantener un seguimiento de todo el mundo inmediatamente - las húmedas junglas en Bolivia, las fábricas en México eructando humo, el chorro de corriente del jet, la costa del golfo, todo... Al encenderla, los ingenieros realizaron una actividad jamás hecha antes: crearon la tierra[135].

¿Será que la RV "nos permitirá participar en el proceso de máxima recreación de toda nuestra civilización"[136]?

---

[133] Ray Kurzweil, citado en Cline, 190.

[134] Zhai, 67-69 (mi paréntesis).
[135] Lev Grossman, "Earth Simulator" Time https://tinyurl.com/yawrkhv2

Para el final del siglo, ¿podría ser que este nuevo ambiente, este nuevo mundo, se mostrara más real que la realidad misma?

¿Y qué hay de nosotros? La experiencia virtual podría tener consecuencias psicológicas. La percepción podría cambiar drásticamente, y con ella, incluso el sentido de la vida en la muerte.[137]¿Qué significaría descargar toda tu personalidad para que tus tataranietos pudieran tener una conversación "contigo" un siglo después de tu muerte? "¿Qué significaría encontrar la vida eterna en el universo digital?"[138].

RV y la nueva imperativa

¡Tenemos mucho que aprender! Debemos participar hábil y creativamente en este nuevo ambiente. Debemos unir nuestra conciencia sensorial con el entendimiento. Debemos examinar, discernir y fundamentar nuestra evidencia. Debemos asumir nuestro rol profético al guiar a la RV hacia un futuro positivo y creativo.

Estas imperativas significan más que simplemente adaptarnos al cambio, girar con los golpes u obtener

---

[136] Zhai, xvi (mi signo de interrogración).
[137] Nicole Stenger, citada en Zhai, 53.

[138] Jim Blascovich, Jeremy Bailenson, Infinite Reality: Avatars, Eternal Life, New Worlds, and the Dawn of the Virtual Revolution (New York: HarperCollins Publishers, 2010) Reseña de producto:
https://tinyurl.com/yau23jte

alguna capacitación. La RV se mueve demasiado rápido y de forma poderosa. Debemos llegar a la meta antes que la historia.

¿Podemos imaginar un mundo hecho realidad virtual? ¡Debemos hacerlo!

De cualquier forma, estaremos aturdidos hasta la incredulidad.

Todo se vale

Consideremos lo que ya sucede y su segura influencia en la industria del cine.

La juventud de hoy en día lidera los eventos actuales. Aman derribar barreras y sobreponerse a los límites. Se revelan en un mundo de "todo se vale". Muestran una afinidad innata con los futuros alterados y mueven sus pasiones para encontrar algo "allá afuera". Estos futuristas acelerados celebran su triunfo sobre las tiranías del tiempo y el espacio y dan la bienvenida al alcance más rápido y más lejano, a todo y todos.

En resumen, sus vidas fluidas y eclécticas se mueven fácilmente en un universo dinámico y espontáneo.

Como resultado, dan la bienvenida a conversaciones colectivas de una nueva coexistencia - las colaboraciones creativas de un nuevo consenso. Como mencionamos anteriormente, su mundo se parece a un "cerebro humano global" en el cual el disparo simultáneo de millones de "sinapsis" crean nuevos patrones de pensamiento "emergente". Su universo se ha convertido en una World Wide Web en la que la autoorganización orgánica crea conexiones sin fin.

De forma más importante para la industria fílmica, se han convertido en seres impacientes con reverencia pasiva a las pantallas. Quieren participar. Quieren estar del lado del "hacer" y "compartir" de los medios modernos. Después de todo, sus videojuegos les permiten inventar parte de su mundo virtual, transformarse en colaboradores creativos en la "creación de mundos". Sus juegos, en otras palabras, ya no son sólo entretenimiento. Se han convertido en oportunidades para la autoexpresión abierta. La interacción constante, nos perfila hacia el cambio constante de la narrativa de este mundo sensorialmente estimulado.

Su mundo es un diálogo abierto con posibilidades abiertas.

Permear todo el pensamiento

La realidad virtual es cada vez menos un juego. La noción de una "interfaz" o de un ambiente "interactivo" ha "avanzado hacia una cultura más preocupada con la interactividad"[139]. De hecho, pocos se dan cuenta de qué tan cerca estamos de un ambiente totalmente interactivo.

Actualmente las personas tienen el poder de hacer más que solo recibir información: pueden elegir si la evalúan o no, si la reconfiguran, le añaden valor y si la

---

[139] Heim, 76.

comparten. Este cambio de poder de receptor a conector será la fuerza conductora de nuestra próxima economía.[140]

Dentro de este mundo virtual, nuestra cultura muestra una preferencia por la gente real en situaciones reales. Los *reality shows* proveen un ejemplo. Esto podría empujar a la industria del cine más allá de "el arte representativo" - que sólo simula la vida - hacia un arte vital.

La participación e interacción en tiempo real dentro de un ambiente virtual, se integrará sin problemas con nuestras vidas, permeando todo el pensamiento y moviéndose cada vez más hacia afuera de la red y hacia afuera de la pantalla, penetrando en nuestras vidas mientras migramos rápidamente hacia mundos virtuales. Las artes se limitarán cada vez menos a ocasiones especiales o a momentos con horas fijadas, y aparecerán más y más en todo lo que hacemos.

Esto cambiará el cine como lo conocemos.

La interfaz de la vida

Nada de esto nos debe sorprender. La vida, después de todo, ya es inmersiva e interactiva. Cuenta con una interfaz obvia. De hecho, "la sensación de pertenecer a un mundo no está completa sin la posibilidad de interactuar con él"[141].

---

[140] Tom Hayes, Jump Point: How Network Culture is Revolutionizing Business (Columbus, OH: McGraw-Hill, 2008) pp 30-31.

El arte no es un monólogo entre nosotros y "él" existe una complementariedad, un lazo, una relación simbiótica. Entre nuestra imaginación inspirada y su imagen inspirada, existe una rara comunión, un discurso exótico.

Entre nuestra atención intuitiva y sus yuxtaposiciones escondidas, existe una continua interacción, una fluidez total.

En resumen, el arte es un diálogo con reflexiones giratorias arremolinándose y significados de múltiples capas. Es un proceso de dos vías entre el colaborador interactivo y el reino de la otredad. Es un movimiento bidireccional, de dar y recibir, de ida y vuelta.

Cuando estamos conscientes - el arte aparece como *incógnito* en la vida misma - en cualquier lugar, en cualquier momento, en cualquier forma. Los momentos no considerados obras de arte se convierten en arte - a menudo escondido, pero no obstante presente. Todo apunta. Todo habla.

En otras palabras, el arte - y nuestra respuesta a él - no se limita a ocasiones especiales, momentos de tiempo asignado, o al talento. Nada es trivial. Nada es insignificante. Nadie está con las manos vacías.

Finalmente, recordemos que nuestra mente continúa siendo un lugar "creativo y encantado" "donde la mayor parte del trabajo del cerebro se realiza"[142]. La mente

---

[141] Ryan, 67.
[142] David Brooks, The Social Animal: The Hidden Sources

que medita representa "un salto intuitivo por encima de la cadena lógica tradicional... opera en un plano más sensible y más complejo que el del pensamiento conscientemente controlado".

Eventos sísmicos

De repente, el mundo se ha convertido en un lugar distinto, incluso la industria del cine lo sabe. Incluso "la década de los 90 y los 2000 trajo el colapso de casi toda la tradición medial"[143].

Oportunidades inesperadas aparecen rápidamente. Con los avances de la era digital, los magnates del cine pueden vender directamente a su público. Los intermediarios han sido eliminados. Esto es un evento sísmico en la historia del arte, ya que permite una nueva colaboración entre los creadores del cine y su público.

Por supuesto, esta alegre oportunidad viene con la ansiedad implícita de "¿qué hacer ahora?" Estos cambios "tendrán implicaciones amplias para los cineastas modernos y probablemente destruyan los paradigmas tradicionales de la industria del cine"[144].

---

of Love, Character, and Achievement (New York: Random House, 2011) Reseña de producto, http://url.ie/aupv

[143] Elliot Grove, 3 Ways Future Filmmaking Will Implode https://www.raindance.org/my-filmmaker-manefesto/

No obstante, los creadores ya experimentan con la "transvergencia" o "segundas pantallas" que abordan al público a través de distintas pantallas y plataformas (tablets, smartphones, aplicaciones, sitios y televisión) a la par del cine tradicional. Estas experiencias interactivas proveen nuevos medios de narrativa, branding y participación de fans.

Incluso hay más. En la reciente "Trans Vergence Summit" para cineastas, los títulos incluyen "transmedia, inmersividad, publicación, contenido de marca, experiencia en vivo y multi pantalla"[145].

En verdad, algo sucede.

Colaboradores de primera-persona

Sin importar los eventos presentes o futuros, la meta será la participación - eventos de "Primera persona". Esto es posible únicamente a través de las experiencias "abiertas".

Sin embargo, ¿qué es "abierto"?

Sin importar el género, el gran arte cinematográfico trata del significado y del poder creativo de la imaginación. En lugar de poner reglas, las rompe. En lugar de limitar, transgrede los límites. Salta hacia fuera de sí mismo, escapa a un sistema cerrado. Y al apuntar hacia fuera, se convierte en abierto.

---

[144] Grove

[145] TransVergence Summit; Hollywood, CA; August 7 & 8, 2013 http://www.production-tube.com/forum/topic/217/page/1

Sólo entonces, podemos mencionar la posibilidad de un diálogo creativo con belleza estética.

Mucha de la realidad virtual de hoy en día - en sus múltiples formas - permanece en un "sistema cerrado". Se encuentra atorado en un mundo limitado, "pre planeado". Considere los videojuegos como ejemplo. Los diseñadores crean videojuegos a través de su definición. Los jugadores deben seguir las reglas pre planeadas y si triunfan es porque el juego les "permite" triunfar. Ellos deben demostrar habilidad, pero las reglas del juego son la ley. Ellos pueden sentir "creatividad", pero al final el juego solo apunta a sí mismo.

Ni el gran arte ni nuestra participación en él son un juego que se gane o pierda.

Tome como ejemplo las "novelas de hipertexto". Elegimos - más o menos ciegamente - la dirección en la cual queremos que la historia vaya. De nuevo, encontramos el mismo problema. No podemos comprometernos creativamente con ninguna de las historias ramificadas ya que todas han sido predeterminadas.[146]

Finalmente, consideremos los cientos de películas con "vidas" ridículamente cortas. Usualmente, sólo apuntan

---

[146] Marie-Laure Ryan, Narrative as Virtual Reality: Immersion and Interactivity in Literature and Electronic Media (Baltimore, MD: The Johns Hopkins University Press, 2003) p. 20.

a sí mismas - anuncios comerciales para una carrera, un nombre o dinero rápido. Ocasionalmente, aparece una historia bien contada que apunta más allá de sí misma, *hacia afuera del poder al que apunta*. El diálogo, entonces, no es con la historia, sino con lo que apunta. En ese diálogo, nos convertimos en "co-creadores" de la experiencia. Nos convertimos en "actores" más que voyeurs. Le aportamos forma a la profundidad en lugar de meramente observarla atónitos.

¡Colaboramos!

Fantasía seria

Algún día, esta colaboración se transformará en una empresa verdaderamente audaz, una fantasía seria, una expresión atrevida. Como mencionamos anteriormente, se transformará en la realidad que proclamamos inclusive mientras la proclamamos. Se transformará en el mundo que anunciamos incluso mientras lo anunciamos. Ya que el arte fílmico no es una "creación", es un crear gerundio. No sólo sucede "en" la historia, "es" la historia. No simplemente "predice" el futuro, engendra el futuro.

Los participantes de los filmes del futuro hablarán espontáneamente de entes no existentes como si estos fuesen reales. Retratarán objetos ausentes como si fueran presentes. Habitarán el mundo fértil aún inexistente. En las palabras de Shakespeare, encarnaran "las formas de las cosas desconocidas"[147].

---

[147] Cambridge Collections Online, "Shakespeare Survey:

El académico canadiense Pierre Lévy asegura que la realidad virtual "es el proceso de transformación a través del cual el mundo ejecuta su destino... mientras realiza lo que la humanidad siempre ha hecho, sólo que, de forma más poderosa, consciente... "[148].

Los filmes del futuro mejorarán el poder que el arte posee para transformar la realidad. Ya que, de forma creciente, vivimos "proyectando un mundo".

¿Estás listo?

Interpretation" Volumen 4 http://tinyurl.com/4xfrhcj

[148] Ryan (anterior).

RECORRIDO SUGERIDO

The magnificent seven es un *western* americano de la década de los 60 sobre siete pistoleros norteamericanos contratados para proteger un pequeño pueblo en México de los bandidos nativos. La música fílmica fue compuesta por Elmer Bernstein. En 2013, esta obra fue situada en el registro nacional de filmes de los Estados Unidos por ser "cultural, histórica y estéticamente significante".

Antes de responder las siguientes preguntas hagamos un repaso de nuestra definición de música cinematográfica:

"La música cinematográfica es el lenguaje intuitivo de la yuxtaposición. Mediante el uso del sonido, la participación en este lenguaje es inmersiva e interactiva, y el resultado de esta experiencia es el sentido experimentado."

Escuche la música y comparta sus observaciones:

http://tinyurl.com/l5ph93u

1. Al escuchar es música, ¿qué sonidos le parecen más llamativos? Una vez más, no hay que tener entrenamiento musical para contestar. Sólo describa en sus propias palabras la naturaleza general de los sonidos que escucha. Simplemente primera impresión.
2. ¿Qué sonidos en particular recordará dentro de una semana?
3. Describa qué sonidos le gustan más. ¿Por qué?

4. Describa qué sonidos le gustan menos. ¿Por qué?

5. Si usted fuera el compositor, ¿qué instrumentos musicales o voces le añadiría? ¿qué tipo de sonidos musicales añadiría a los ya presentes?

6. Si fuera un compositor *avant-garde* que busca agregar material no musical, *¿qué sonidos no musicales agregaría?*

7. Mientras toca la pieza, describa una imagen que la acompañe.

8. Complete los detalles de la imagen.

9. ¿Qué emociones están involucradas en la imagen?

10. Ponga un título a la imagen.

11. ¿Ha visto un evento similar a esto?

12. ¿Ha experimentado emociones parecidas? Describa.

13. Si esta música tuviera un "mensaje", ¿cómo contestaría usted?

El **Dr. Thomas Hohstadt** es director orquestal, autor, maestro, artista de grabación, compositor y solista de talla internacional.

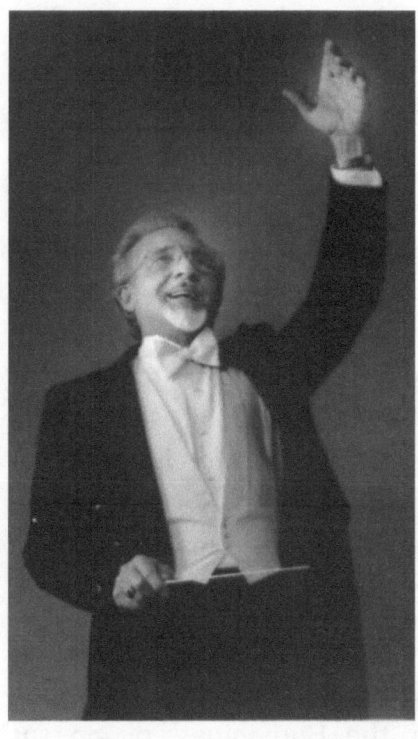

Ganador de la beca Fulbright, obtuvo cuatro títulos avanzados de la Eastman School of Music y la *Akademie für Musik*. También recibió el certificado de intérprete de la Eastman School of Music y realizó estudios avanzados con el reconocido maestro Pierre Montreux, en la Domaine School of conductors.

Su carrera de 28 años como director de orquesta incluye labores con la Eastman School of Music; orquesta sinfónica en Honolulu, Amarillo y Midland; y como artista invitado en ocho naciones distintas.

Hohstadt siempre ha tenido un interés por la música cinematográfica. Grabó el soundtrack de Silverado de Bruce Boughton y otras composiciones fílmicas del renombrado compositor hollywoodense Dimitri

Tomovkin. Su grabación de "Adventures in Hollywood" bajo el sello Citadel ha sido bien recibida.

Contribuye a la revista *Cue sheet*, del Film society. Su investigación del antiguo lenguaje hebreo, *damah*, se transformó en la base del título del Damah Film Festival. En su libro sobre música cinematográfica, es el primero en observar la cercana relación entre el arte de la realidad virtual y el futuro del cine y la música cinematográfica.

Pionero en el campo de la realidad virtual, Hohstadt ha dirigido su atención de la RV como una tecnología y como un lenguaje artístico. Fue el primero en añadir Realidad Virtual al currículo de la University of Texas of the Permian Basin. Recibió el "Award of Merit" de la *Society for New Communications Reasearch* por su co-autoría de *Voices of the Virtual World*. Recientemente, fue coautor de "The Age of Virtual Reality" para la *American Communication Journal*.

Hohstadt también ha sido reconocido por sus logros en el campo de las humanidades. Participó en la fundación del Texas Committe for the Humanities, dirigió sus seminarios, consultó y revisó las propuestas de becas para la National Endowment for the Humanities.

Actualmente, es profesor permanente en la UTPB.

Para más información sobre el Dr. Hohstadt, visite http://tinyurl.com/lrrt9r2

www.ingramcontent.com/pod-product-compliance
Lightning Source LLC
Chambersburg PA
CBHW021543200526

45163CB00014B/821